DONALD TRUMP,
LES RAISONS DE LA COLÈRE

Table des matières

CHAPITRE I

Rencontre avec le personnage

« Un mouvement a commencé. Il est irrésistible.
Je ne m'y attendais pas. »

« *Start spreading the news I'm leaving today...* » L'homme que nous évoquons tout au long de cet ouvrage, connaît la chanson. Toutes les chansons, mais spécialement celle-ci : « New York, New York » qu'a immortalisée, avant tous, Frank Sinatra. Il la connaît parce qu'il est né dans l'État qui porte ce nom, mais aussi parce qu'il en a, en bon Rastignac *born in the USA*, conquis le cœur, la base mythique, le lieu géométrique du rêve américain : Manhattan. Il y a érigé, et continue de le faire, des dizaines d'immeubles qui embrassent le ciel de cette ville qui ne dort jamais.

Je l'ai rencontré pour la première fois en 1989. Il venait de racheter l'un des hôtels les plus mythiques de la Grosse Pomme : le Plaza, situé sur la Fifth Avenue, face à Central Park. Je préparais à l'époque un livre sur les hôtels légendaires du monde et avais passé quelques jours dans cette copie d'un château de la Loire, où avaient sévi toutes les célébrités, des Beatles à Truman Capote, d'Ernest Hemingway à Scott Fitzgerald. Il se murmure qu'en 1925, l'auteur du *Vieil homme et la mer*, alors à Cuba en pleine guerre civile, avait écrit à son copain Scott : « Viens tout de suite à La Havane, ici, ça bouge bien et c'est l'aventure. Je te promets que si tu meurs, je léguerai ton cerveau à Princetown et ton foie à l'Oak Bar du Plaza ».

Au moment de ma visite, le palace était dirigé par mon ami Didier Le Calvez. Il me proposa de rencontrer le nouveau propriétaire. Comme un certain nombre de mes confrères, j'avais évidemment entendu parler de Donald Trump que l'on présentait, en France, comme le Bernard Tapie américain, l'homme d'affaires flamboyant qui fait la une des médias people et des magazines économiques. Il me reçut pendant près d'une heure, me parlant de ses acquisitions, de son goût vif de bâtir, d'acheter, de négocier, d'ouvrir des espaces, de ne jamais s'arrêter, de ne pas avoir de limites. Tout Trump était déjà là, y compris la chevelure orange, moins hallucinante qu'aujourd'hui, mais déjà caractéristique de l'homme décidé à ce qu'aucun piéton, aucun touriste, aucun habitant de Manhattan n'ignore son nom, placardé en lettres géantes sur la façade de chacun de ses immeubles et devenu une marque. Jamais Tapie, dont j'avais déjà édité la biographie *Gagner*, n'aurait songé à aller aussi loin dans l'art de transformer son identité en logo et faire dudit logo une machine à gagner des milliards. Il était déjà, tel qu'en lui-même, l'immodestie le caractérise. Il m'avait notamment avancé qu'il connaissait le prix de vente, à 1 000 dollars près, de tous les gratte-ciel de la ville. « *Vous ne me croyez pas ? Citez-moi quelques noms d'immeubles dont vous avez entendu parler.* » J'énumérais au hasard l'Empire State Building, le Chrysler Building, la tour Time-Life et quelques autres. Il me donna les chiffres et me demanda de vérifier auprès d'un agent immobilier de mon choix. Ce que je fis dès le lendemain. Il ne s'était trompé sur aucun des buildings cités. Il en parlait d'ailleurs, et cela m'avait frappé, comme un berger qui compte son troupeau. Cela allait plus loin que le fric : c'était quasi fusionnel. Il fallait voir la fierté dans ses yeux quand il évoquait son enfant chéri, sa Trump Tower, bâtie quelques années plus tôt, gigantesque cathédrale de verre sise sur la 5e avenue et la 57e rue. Il était à la fois intéressant et agaçant car son évidente mégalomanie avait quand même quelques légitimes raisons d'être. À la fin de notre entretien, je lui demandais s'il n'avait pas envie un jour, d'entrer en politique. À l'époque, je pensais à Tapie qui venait de se présenter victorieusement à l'élection législative de Marseille. Je me rappelle encore la réponse de Trump : « *Peut-être, mais je ne le ferai que si je pense que je peux être un jour président des États-Unis. Sinon, ça ne m'intéresse pas.* »

Un quart de siècle a passé. Le bâtisseur de tours et de parcours de golf, d'hôtels et de casinos, le propriétaire éphémère d'une compagnie d'aviation, d'un yacht princier, d'un Boeing 757 et d'une flotte d'automobiles aux marques plus mythiques les unes que les autres, a annoncé officiellement sa candidature à la Maison Blanche, le 16 juin 2015. Le monde entier connaît cette image d'Épinal : dans le gigantesque atrium de la Trump Tower, toute la famille descend l'escalier mécanique, sur fond de cascade où marbre et dorures sont partout. Il y a là sa femme, la très belle Melania Knauss, mannequin slovène dont il a fait la connaissance en 1999 et qu'il a épousée en 2005, les trois enfants qu'il a eus avec Ivana, sa première épouse, Eric, Don Junior et Ivanka, Tiffany, la fille qu'il a eue avec sa seconde, Marla Maples, et enfin Barron, 9 ans, avec son actuelle compagne. Depuis, une étonnante machine s'est mise en marche qui fait, pratiquement tous les jours, la une des médias de la planète. À tout instant, il se passe quelque chose aux galeries Trump, et cela parce que, depuis toujours, le maître d'œuvre a su doter au maximum son savoir-faire, des bonheurs essentiels, en termes de rentabilité, du faire savoir.

Paris, novembre 2015, dîner chez des amis. Parmi les convives, la conversation arrive sur Donald Trump. À l'époque, en France, encore plus qu'outre-Atlantique, personne – ou presque – n'y croit. Le son de cloche le plus répandu est qu'il s'agit d'un coup médiatique pour faire parler de lui, de sa marque et de ses immeubles, mais qu'il n'a aucune chance de gagner une quelconque primaire, et que ce cirque sera oublié au bout d'un mois. Les premières échéances électorales ne commencent d'ailleurs qu'en février 2016. La plupart des observateurs, des experts, des sachants, des politologues, des spécialistes et autres sondeurs et proctologues assermentés, sont persuadés que l'animal fera à peine un petit tour et puis s'en ira. J'avoue que je serais très intéressé de l'interviewer pour l'hebdomadaire *Valeurs actuelles*, où je suis conseiller éditorial. L'un de mes compagnons de table déclare qu'à sa connaissance il n'est pas question que le candidat donne un quelconque entretien à la presse étrangère, réservant toutes ses déclarations aux télévisions, aux radios, aux journaux et aux réseaux sociaux américains : concentration et cœur de cible obligent. Je lui demande néanmoins d'essayer. Un mois se passe. Je n'y pense déjà plus. Des centaines de médias du monde entier ont essayé d'obtenir une entrevue : peine perdue. Et puis, le 15 janvier 2016, coup de fil de la relation en question.

– Vous voulez toujours rencontrer Trump ?

– Bien sûr, vous pensez !

– Écoutez, il sera mercredi prochain à New York où il ne passera qu'une journée. Il vous accorde 20 minutes. Ça vous va ?

– Et comment !

Je prends l'avion le mardi pour New York. Le lendemain, comme prévu, à 13 heures, je suis au foyer de la Trump Tower. Au premier étage, outre les grands couturiers et les marques de prestige, on trouve des casquettes, des cravates, des chaussettes, des nœuds papillon, des parfums, des boutons de manchettes, tous siglés Trump. Plus son plus récent ouvrage qu'il a fait paraître pour sa campagne : *Crippled America*[1]. Le look spécifique des produits Trump : la réelle beauté du gratte-ciel, le gigantisme des proportions, le luxe des *happy few* à la portée forcément provisoire et éphémère de tout un chacun et, omniprésente, puissante, régnante : la marque, la marque, la marque. Une cafeteria, des vigiles aussi discrets qu'efficaces : « *Mr Trump vous attend* ».

26e étage. Fouille à l'entrée, plutôt légère. Dans le hall de réception, en caractères dorés : « *The Trump Organization* ». Là, le personnel est en grande majorité féminin. « *Je vous prie de patienter, Mr Trump va vous recevoir très vite. Un café ? Un verre*

1. Traduit en France sous le titre *L'Amérique paralysée*, éditions du Rocher 2016 (Threshold Editions, 2015).

d'eau ? » Pas d'alcool. Chacun sait que le maître des lieux ne fume pas, ne boit pas, et n'a jamais touché une seule drogue, même douce.

Dans son bureau, les vastes baies vitrées donnent sur Central Park, sur l'hôtel Plaza qu'il a revendu depuis des années et sur la fameuse patinoire qu'il a rénovée en quatre mois, alors que les travaux commandés par la mairie de New York traînaient depuis sept ans. Sur les étagères, des ballons de football et de baseball, des trophées de golf, mais surtout, couvrant entièrement la surface des murs, le triomphe absolu du culte du Moi : encadrées, des dizaines de couvertures de magazines consacrées au magnat de l'immobilier, du show-biz et de la téléréalité. Les plus grands médias sont présents, de *Time* à *Newsweek* en passant par *People* et *GQ, Vanity Fair* et *Esquire, Fortune* et *The Economist,* sans oublier les manchettes du *Wall Street Journal, New York Times* et du *Washington Post.* Sur son bureau, outre les parapheurs et les chèques à signer, des dizaines d'exemplaires des plus récentes chroniques, articles, pamphlets ou diatribes dont il est le héros. Qu'on en parle en bien ou en mal, mais qu'on en parle. Et pour ce faire, Donald Trump, à l'insu de son plein gré, est passé maître. L'entretien peut commencer :

Donald Trump, vous avez commencé votre campagne électorale en juin dernier. Cela fait donc huit mois que vous parcourez les États-Unis et qu'il n'y a pas un jour que l'on ne vous voit et ne vous entende à la télévision et à la radio, sans compter vos interventions aussi nombreuses que quotidiennes sur Twitter, Facebook et même Instagram. Quel premier bilan tirez-vous de cette période ?

Le sentiment qui domine, c'est que j'ai touché l'Amérique en ses points sensibles, là où le malaise est le plus profond. Le peuple américain en a marre des incompétents, des soi-disant responsables qui ne savent pas ce qu'ils font, des politiciens corrompus, de ces décisions aussi nulles que mal prises, comme l'accord avec l'Iran, et beaucoup d'autres choix erronés. J'ai réagi là-dessus ; cela a touché beaucoup de monde et j'ai ainsi focalisé discussions et commentaires. Non seulement dans les médias, mais surtout – et c'est ce qui m'importe – dans la population. C'est ce malaise et ces errements que je voudrais contribuer à éliminer, afin de faire de l'Amérique, à nouveau, une grande nation, ce qui est d'ailleurs mon slogan de campagne : « *Make America great again* ». Vous avez vu l'article du *Time* d'il y a deux semaines ?

Oui, je l'ai lu. Il explique très clairement et très brillamment le fait que vous avez, inconsciemment ou non, cristallisé un mouvement qui selon l'analyste vous dépasse. Vous avez acté ce qu'il appelle l'effacement progressif des intermédiaires : le fait de parler directement au peuple, de la façon la plus brute de décoffrage possible, en allant jusqu'à brusquer en permanence les médias qui servaient jusqu'ici de relais entre politiques et électeurs. Une sorte d'ubérisation de la chose publique… Selon ce journaliste, vous êtes l'un des premiers à faire de la politique post-moderne.

Je fais la politique du XXIe siècle. Entre Facebook, Twitter et Instagram, je suis suivi actuellement par 12 millions de personnes. Ce n'est pas rien. Et attention, il ne s'agit pas, tant s'en faut, d'adolescents qui me prennent pour une star du rock, mais de professions libérales, d'employés, d'ouvriers, et autres. Bref, de tout le monde. Et ça, c'est quelque chose que je ne pouvais en aucun cas construire : cela s'est fait spontanément. Et c'est extraordinaire. J'avoue que je ne m'y attendais pas.

Aviez-vous, dès le départ, cette volonté de parler aux gens directement, sans intermédiaires ?

Oui, mais je ne soupçonnais pas l'ampleur de cette réaction. C'est devenu en quelques mois, un mouvement de masse. Considérez le public qui vient à mes meetings : en Alabama, ils étaient 35 000, l'équivalent des spectateurs d'un stade de football. Quand je suis allé à Dallas, il y avait 21 000 personnes ; nous avons rempli le plus grand stade de basket-ball de la ville. À Oklahoma, ils étaient plus de 20 000. À chaque fois, c'est le même nombre de gens, la même ferveur, la même attention, faisant le pied de grue pendant plus de deux heures, y compris par – 2 ou – 3 degrés ! Alors que mes concurrents, vous pouvez le vérifier, réunissaient 100 ou 200 personnes.

(Tout en me parlant, il signe des chèques, feuillette des parapheurs, mais ne rate pas un mot. Sa règle : être cash, brut de décoffrage, franco de port, aussi bien avec un journaliste français qu'avec ABC News ou NBC. D'ailleurs, quelques semaines plus tard, je le verrai à la télévision, soutenir, au mot près, les propos qu'il me tenait.)

Mais quand même, pour beaucoup de gens de tous bords, depuis les stars de Hollywood jusqu'à la National Review, *le magazine des conservateurs, le mot d'ordre semble être le même : tout sauf Trump. Ils ne peuvent pas vous supporter. Qu'en pensez-vous ?*

J'en suis très honoré. Vous savez, ce qui les embête par-dessus tout, c'est que je suis le seul à n'avoir pas besoin de contribution financière extérieure. Je finance entièrement ma campagne avec mes propres fonds. Je ne suis dépendant de personne : d'aucun lobby, d'aucune puissance d'argent, d'aucun parti, d'aucune fondation. Tous les autres ont des comptes à rendre à ceux qui les financent. Tous sans exception. Quant au magazine *National Review*, il est depuis longtemps en état d'agonie. Son numéro spécial sur et contre moi, m'a en fait plutôt aidé.

Vous considérez-vous vraiment comme un conservateur ?

Je suis un conservateur, mais pas à la manière des vieux caciques de *National Review.* Encore une fois, ce qu'ils ne supportent pas, c'est mon succès, le fait que j'ai bâti une grande entreprise immobilière et commerciale qui marche très fort depuis des dizaines d'années. Cela fait près d'un demi-siècle que je suis constructeur et entrepreneur immobilier : j'ai commencé avec mon père, puis j'ai volé très vite de mes propres ailes. J'ai eu des difficultés, mais je m'en suis toujours remis et la Trump Organization est aujourd'hui plus puissante qu'elle ne l'a jamais été. Comme tous les candidats à l'élection présidentielle, j'étais tenu de déclarer dans le détail l'état de mon patrimoine. Quand j'ai annoncé, chiffres à l'appui, que celui-ci se montait à près de dix milliards de dollars, ils en sont restés comme deux ronds de flan. Ils savaient dès lors qu'ils ne pouvaient avoir aucune prise sur moi. Ils étaient persuadés que j'allais abandonner la partie pour ne pas avoir à révéler mes biens. Quand ils ont vu que j'étais beaucoup plus riche qu'ils ne le croyaient, la partie a changé. Pour moi. Et surtout pour eux.

Vous avez fait fort en commençant votre campagne en annonçant que si vous étiez élu, vous bâtiriez un gigantesque mur le long de la frontière mexicaine pour empêcher l'immigration.

Nous avons un terrible problème d'immigration clandestine, avec des millions de gens qui sont déjà rentrés et qui continuent de le faire, et qui nous causent des problèmes insurmontables à court terme. Si je n'avais pas mis ce problème sur la place publique, personne ne l'aurait fait à ma place. Aujourd'hui, on me remercie de n'avoir pas pratiqué le déni de réalité habituel. La question se pose en termes économiques et en termes de criminalité. Elle est devenue l'un des thèmes principaux de campagne de tous, y compris chez les démocrates.

Et par rapport aux musulmans, vous n'y êtes pas non plus allé avec le dos de la cuillère. Vous voulez interdire à tous les musulmans, pendant un certain laps de temps, l'entrée aux États-Unis ? Qu'est-ce que cela veut dire ?

J'ai beaucoup d'amis musulmans avec qui je parle tout le temps et qui sont d'accord avec moi. Ils me comprennent. Il se passe quelque chose de très grave au niveau de l'islamisme radical et nous devons comprendre ce dont il s'agit. Nous devons être très vigilants ; il n'y a qu'à regarder ce qui se passe dans le monde, et tout récemment en Europe, pour mesurer l'ampleur du problème. Là aussi, j'ai posé la question en pleine lumière, je me suis fait agonir d'injures, mais aujourd'hui, beaucoup de gens avouent que j'ai raison et que l'on ne peut rester sourd et aveugle face à cela. J'ai été le seul à avoir le courage de le dire.

Est-ce que vous ne généralisez pas excessivement ?

Encore une fois, j'ai beaucoup d'amis musulmans qui m'appellent pour me dire : « Donald, tu as bien fait de poser le problème ». Il urge maintenant d'avoir un vrai dialogue. Nous sommes quand même en présence, dans certains milieux, d'une haine à notre égard, profonde. Terrible. Insoutenable.

Venons-en à l'Europe : comment voyez-vous son avenir ?

Je pense qu'Angela Merkel a commis une terrible erreur. Ce qui se passe en ce moment en Europe peut conduire éventuellement à l'effondrement de celle-ci. C'est dramatique ce qu'ils ont laissé faire, ce déferlement : on en voit déjà les conséquences en Allemagne et ailleurs. Regardez ce qui se passe à Bruxelles ; je connais bien cette ville, elle était superbe et j'avais plaisir à y séjourner. Elle est devenue aujourd'hui un camp retranché et armé, un bouillon de culture du terrorisme. Si on ne traite pas la situation avec compétence et fermeté, oui, c'est la fin de l'Europe. Et vous allez au-devant de véritables révolutions.

De guerres civiles ?

Des révolutions. Mes amis allemands ne savent plus où ils sont. Ils n'en croient pas leurs yeux, de ce qui leur arrive. Ils ne comprennent plus. Ils sont désespérés. Je vous assure, rien que de les entendre, je trouve ça inquiétant.

Quel bilan dressez-vous de la politique d'Obama au Moyen-Orient ?

Il a fait des erreurs énormes. Sur tous les terrains. Et il n'a fait qu'aggraver une situation déjà mauvaise. Nous n'aurions jamais dû aller faire la guerre en Irak : ça, c'est la faute de Bush, et j'étais contre dès le début. Mais la manière dont Obama a quitté ce pays était la plus mauvaise possible, en annonçant pratiquement l'heure du départ des troupes américaines. Il ne sait même pas que la seule façon de tenir tête à ses adversaires, c'est d'être imprévisible, jamais où on nous attend, au lieu de donner, comme il l'a fait, toutes nos cartes à l'avance. Il fallait contrôler les puits de pétrole et ne pas partir en désordre et abandonner tout en rase campagne. En Syrie, cela a été un autre désastre. En fait, l'Amérique n'est plus gagnante. Elle n'est victorieuse nulle part et cela est un de mes objectifs : que nous soyons à nouveau des « *winners* ». Partout, toujours et tout le temps. Obama a hérité d'un état de fait et il l'a rendu bien pire qu'il ne l'était.

Si Donald Trump devient président, quelles seront ses relations avec Vladimir Poutine ? Celui-ci vous a couvert de compliments...

Il a dit que j'étais brillant. Cela prouve chez lui une certaine lucidité... Il a dit aussi que j'avais la faveur d'une grande partie du peuple américain. Je pense que l'on peut avoir de très bonnes relations avec lui. Il n'y a aucune raison que l'Amérique ne s'entende pas avec la Russie sur un certain nombre de problèmes, notamment au Moyen-Orient. De toute façon, rien n'est pire que la situation présente, où Poutine et Obama ne se parlent pratiquement plus.

Parlons de la France. Vous connaissez bien notre pays...

Oui. Et malheureusement, la France n'est plus ce qu'elle était, et Paris non plus. Il y a des quartiers dont on a l'impression qu'ils sont devenus hors la loi, qu'ils sont, comme certains de vos essayistes l'ont écrit, des territoires perdus de la République. Des amis français me disent qu'ils ont parfois le sentiment de n'être plus vraiment chez eux quand ils se promènent çà et là dans leur pays. Que l'on se souvienne simplement de ce qui s'est passé chez vous il y a deux mois. L'horreur.

(Il me regarde et me dit OK ? Traduction : les 20 minutes sont largement passées. Sa secrétaire l'a déjà appelé deux fois, mais je ne peux pas me contenter de ce qu'il vient de dire. On le verra : lui non plus.)

À propos de la tuerie perpétrée au Bataclan, et dans des cafés du 11e arrondissement, vous avez déclaré que si les gens étaient armés, l'issue aurait peut-être été différente.

Vous avez, en France, des lois extrêmement strictes sur le port d'armes. Je sais qu'il est pratiquement impossible à un citoyen français lambda d'en avoir. Très bien. Mais du coup, les seuls qui avaient des armes au Bataclan et ailleurs, c'était les tueurs ! Pas une balle, pas un projectile tiré en leur direction ! Votre police et votre gendarmerie ont fait un beau travail, mais en les attendant, c'était open bar pour le massacre. Vous vous imaginez ? 130 morts, des centaines de blessés, des vies estropiées à jamais. C'était le tir aux pigeons. Les types tiraient en toute impunité, tranquillement, sans problème. Vous pensez vraiment que s'il y avait eu dans l'assistance quelques personnes armées et entraînées, cela se serait passé de la même façon ? Je ne le crois pas. Ils auraient tué les terroristes. C'est du bon sens. Il faut savoir se défendre. C'est ce que je dis à mon entourage, à mes amis, à mes enfants. J'ai en permanence une arme sur moi. Je peux vous dire que si j'avais été au Bataclan ou dans un des cafés, j'aurais tiré. Je serais mort peut-être, mais j'aurais dégainé. Le pire, c'est l'impuissance et l'impossibilité de répliquer à qui veut votre mort. Comprenez-moi bien : l'arme n'est qu'un instrument. Le bon citoyen qui obéit à la loi n'a pas besoin de l'utiliser. Mais les types qui sont entrés au Bataclan avec leur AK 47 savaient pertinemment qu'il n'y avait pas un seul être humain armé dans l'établissement. Pas un seul. Ils étaient comme des enfants dans un magasin de friandises. Ils pouvaient s'en donner à cœur joie, sans risque d'être interrompus avant quelque temps. La même chose s'est passée avec la rédaction de *Charlie*. Les tueurs savaient très bien que les journalistes n'étaient pas armés.

Quelle est la solution ? À votre avis, il faut changer les lois ?

Je ne sais pas ce que la France fera, mais je suis sûr que si vous ne donnez pas aux citoyens la possibilité de se défendre, il y aura immanquablement d'autres *Charlie* et d'autres Bataclan, au moins aussi meurtriers. Paris est une ville désarmée. Sauf pour les terroristes.

Connaissez-vous personnellement des hommes politiques français ?

Non. Je n'en connais pas. Mais j'espère que cela changera bientôt.

N'exagérez-vous pas en pensant que l'Europe est finie ?

Je pense que si vos dirigeants ne font rien pour changer la donne, l'Europe ne sera plus jamais la même. Ces gens qui arrivent par millions ont une autre culture, une autre mentalité, d'autres us et coutumes, opposés aux vôtres. La plupart n'ont aucune envie de s'assimiler, de s'intégrer ou de s'adapter, mais de faire en sorte que le pays d'accueil s'adapte, lui, à leur mode de vie. Certains veulent l'instauration de la charia qui ne correspond pas précisément, c'est le moins que l'on puisse dire, aux valeurs européennes et occidentales. Je pense que vous allez au-delà de bouleversements dont vous ne mesurez pas l'ampleur si vos dirigeants politiques n'agissent pas de façon intelligente, rapide et énergique. Sans peur ni compromission.

Vous êtes en faveur de l'arrêt, voire de l'inversion des courbes d'immigration. À votre avis, que faut-il faire ?

Dès à présent, en Syrie et ailleurs, il importe de bâtir des zones protégées, sécurisées, avec l'argent de l'Europe, de l'Amérique, des Émirats et autres. L'urgence absolue est d'imposer plusieurs de ces zones au Moyen-Orient ; sans cela, la contagion va encore s'étendre. Dans ces territoires, ceux qui ont dû quitter – et on les comprend – la guerre et ses horreurs, pourront retourner chez eux et vivre enfin dans une relative mais réelle sécurité. Vous savez, j'ai des milliers d'ouvriers et d'employés étrangers qui ne pensent qu'à accumuler un bon pécule et retourner au Guatemala, au Ghana ou ailleurs, où ils ont leur famille, leurs racines, ce qui est tout à fait normal. Encore une fois, je ne combats pas l'immigration : qu'aurait été l'Amérique sans ses immigrés ? Mais l'immigration illégale peut et doit être stoppée, ainsi que ceux qui veulent nous imposer leurs règles et leurs dogmes. Vous savez, je suis très bon dans les prédictions : je pense que vous allez connaître en Europe une période de bouleversements très forts. Deux ans avant le 11 septembre 2001, j'avais prévenu les autorités américaines du danger que posait un certain Oussama Ben Laden : j'avais entendu parler de lui par mes amis saoudiens qui m'avaient mis en garde contre ses actions en Afghanistan, et ce qu'il préparait. Vous n'y couperez pas en Europe.

Je reviens d'un voyage au Moyen-Orient. Tous se demandent où sont passés les USA. Pourquoi jouent-ils aux abonnés absents ?

Nous avons dépensé 5 000 milliards de dollars au Moyen-Orient. En contrepartie, à cause de dirigeants aussi stupides que les nôtres, nous n'avons rien eu, à part des vétérans blessés et des morts. Même pas le pétrole qu'on aurait dû contrôler et garder. L'Amérique ne se bat plus pour gagner. C'est triste. Il faut changer cela.

Allez-vous gagner ?

On verra. Pour le moment, je suis en tête dans tous les sondages, alors que tous les soi-disant experts, spécialistes, commentateurs et communicants ne pariaient pas un cent sur moi, en début de campagne. Je n'ai rien à cacher, je n'ai pas de squelette dans le placard, ni de conseillers en communication, ni aucun des gadgets de l'attirail classique des politiciens en campagne : j'ai toujours eu un contact très fort avec des dizaines de milliers d'hommes et de femmes qui travaillent dans mes entreprises. N'oubliez pas que pour bâtir les dizaines de tours et de gratte-ciel, de terrains de golf et d'hôtels que j'ai fait construire un peu partout dans le monde, il faut non seulement des architectes, des ingénieurs, des ouvriers, des contremaîtres, mais aussi des assureurs, des avocats, l'accord des autorités politiques et administratives, donc la rencontre, au fil des années, avec des dizaines de milliers de personnes. Et j'aime ces contacts, j'aime parler aux gens, les écouter, leur répondre. Je ne sais pas s'il y a beaucoup de riches qui peuvent en dire autant.

C'est notamment pour cela que l'establishment vous déteste ?

Ils me détestent parce qu'ils n'ont pas prise. Regardez aujourd'hui où est Jeb Bush : il est gouverneur de Floride et il est à 6 % alors que j'en suis à 46 % dans son État. Une seule chose compte pour moi in fine : rebâtir l'Amérique afin qu'elle respire à sa véritable hauteur. J'ai bon espoir.

*

L'impression que vous laisse le personnage ? Tout d'une pièce. Complètement cash. À aucun moment il ne formate ses propos parce qu'il est face à un journaliste européen, ni ne tient un langage susceptible de toucher des lecteurs potentiels d'outre-Atlantique. Visiblement, la chose ne lui vient même pas à l'esprit. Il m'a parlé exactement comme s'il s'adressait à un chroniqueur de Chicago ou de Portland. Courtois, direct, mais pas démonstratif ni vendeur. En l'occurrence, il répondait aux questions, mais il s'appliquait à être le plus précis possible. On sent d'emblée que la pratique médiatique est son pain quotidien depuis toujours.

L'entretien terminé, il propose que je visite son appartement privé, un triplex de 1 200 mètres carrés au 66e étage de la Trump Tower. Très baroque rococo, richissime et kitchissime appartement pour milliardaire qui veut que nul n'ignore le contenu de son compte en banque. Vue à 360 degrés sur Manhattan, impensable à envisager si on n'est pas à la tête d'une des plus grosses fortunes du monde. Apparaît Melania Trump, 45 ans, superbe femme qui semble à la fois posée et calme et qui, quand on lui demande si toutes ces attaques contre son mari ne l'atteignent pas, assure qu'elle a le cuir épais et que si, pendant des années, elle lui avait déconseillé d'entrer en politique, c'est elle qui, il y a un an, l'avait poussé, en étant persuadée que l'Amérique en ses profondeurs l'aimait et qu'il pouvait gagner. Comme chacun sait, pour Donald Trump, l'univers se divise en deux catégories : les *winners* et les *losers*, les gagnants et les perdants. En attendant les résultats d'une élection incertaine dans une Amérique plus divisée que jamais, Melania élève son fils Barron dans le goût du travail, du devoir et de la discipline. Je ne lui demande pas si la décoration ultra voyante avait été celle qu'avait imposée la première épouse de l'actuel candidat, Ivana. En tout état de cause, dans ce *penthouse*, il est permis d'avoir des envies, voire des fantasmes de maître du monde.

Je descends ensuite à l'étage qui abrite le quartier général de la campagne trumpiste et qui fit office, pendant des années, de studio où furent filmés les épisodes de l'émission à grand succès de Trump pour la chaîne NBC : *The Apprentice*. Et là, surprise : moi, qui croyais entrer dans une ruche où s'agitent des centaines d'employés et de bénévoles, de militants et de fidèles, je me retrouve face à dix pelés et trois tondus avec des affiches, des drapeaux et des portraits. Je demande à la personne qui me guide où est le gros de la troupe ? « *Sur le terrain me répond-elle.*

Ce qui est important, c'est l'organisation des meetings, la logistique, la sécurité, la technique, l'expertise de l'évènement. Tous nos gars sont sur la route, tout le temps, puisque monsieur Trump peut tenir jusqu'à deux meetings par jour. Pas besoin d'être au bureau ». Du coup, la question qui me brûle les lèvres devient urgente : Qui sont les communicants de Donald Trump ? Mon interlocuteur me regarde d'un air sincèrement étonné. « *Monsieur Trump n'a pas de communicant. C'est lui qui imagine tous les slogans de sa campagne. Ses discours sont improvisés neuf fois sur dix et ses collaborateurs savent très bien que le vrai créateur, c'est lui.* » Mais alors, comment fait-il, sans un Séguéla ou un Gaspard Gantzer ? Un Jacques Pilhan ou un Roland Cayrol ? Apparemment, il fait. Et jusqu'ici avec des résultats pas si médiocres que cela.

CHAPITRE II

Jeux de massacre

« À bas Bush ! À bas Bush ! »

L'entretien parut le 11 février 2016 dans *Valeurs actuelles.* Il fut repris immédiatement dans une bonne partie de la presse mondiale et abondamment commenté sur Internet et dans les blogs. Ce n'était évidemment ni pour mes beaux yeux, ni pour l'hebdomadaire, mais parce qu'il s'agissait du seul entretien accordé par Donald Trump à un journaliste européen depuis son entrée en campagne. Ce qui me frappa d'emblée, dans les jours qui suivirent la publication, ce furent les témoignages de mépris, de franche hostilité, voire de parfaite haine que l'évocation de Trump suscitait chez un certain nombre de journalistes et dans les réactions de plusieurs personnalités, qui oscillaient entre le désaveu condescendant et une colère proche de l'hystérie. Déjà, avant même mon voyage aux États-Unis, des collègues m'avaient dit, avec un sourire en coin : « *Fais vite. Dans une semaine, après l'Iowa il ne sera plus dans la course et il fera 5 % dans le New Hampshire.* » Des amis de New York, apprenant les motifs de ma visite dans leur ville, m'ont lancé : « *Mais vous êtes cons, les Français, à venir passer même une heure avec Trump ! Il n'a rien à dire. C'est un clown qui n'est bon qu'à faire du fric.* » De fait, le lendemain de l'annonce de sa candidature, le très populaire quotidien *Daily News* publiait sur toute sa couverture, une photo de Trump à laquelle ils avaient ajouté un gros nez rouge et un maquillage de triste bouffon. Mais ce fut encore pire dans la presse branchée new-yorkaise. Le magazine *Esquire* tirait des salves incendiaires sur ce milliardaire pelé et galeux. Mark Salter, un ancien collaborateur du sénateur John McCain, et vétéran de deux campagnes présidentielles, le traite de faussaire, de menteur, de salaud, de *bad boy* de carton-pâte, de trou du cul. Il affirme que le personnage est une plaisanterie virale sans aucun humour, un parangon du mauvais goût et de la vulgarité la plus crasse. Ajoutons que Mark Salter vit à Washington et a fait longuement partie des administrations politiques que Trump voue aux gémonies. Dans le même numéro de la revue, un journaliste interviewe Donald Trump et le compare carrément… au Dr Mengele, à Joe McCarthy et George Wallace, partisan de la ségrégation raciale dans les années 1970. Excusez du peu. Le directeur général de *Vanity Fair,* Graydon Carter, après l'avoir longuement interviewé dans les années 1990, le traite aujourd'hui de tous les noms, trouvant qu'il a dépassé les limites du ridicule et qu'il a le mental d'un enfant de huit ans. « *Mon intuition, écrit-il dans le numéro daté de février 2016, c'est que dans quelques mois, sa campagne sera de plus en plus désespérée. À l'énergie des bons sondages et des foules enthousiastes, succédera la sueur de l'échec.* » Auparavant, dans le *New Yorker* du 11 juillet 2015, un chroniqueur affirme que Trump n'a aucune chance de gagner chez les Républicains et encore moins s'il est nominé, d'emporter la présidence. Le journaliste continue en affirmant que Trump n'est pas un politique, mais un rappeur. Il en aurait l'ego démesuré, l'étalage des richesses, le goût de s'exhiber avec des jolies femmes, le fait de créer une ligne de vêtements qui porte son nom : tout cela serait la preuve absolue qu'il est beaucoup plus proche des virtuoses du hip-hop que des habitués du Sénat ou de la Chambre des représentants. Aucune modestie, aucune humilité, l'affirmation sans cesse répétée qu'il est riche et que c'est formidable et que tout le monde doit devenir comme lui. Tout cela est trop. Et cela, selon le collaborateur du *New Yorker* et la quasi-totalité de la presse, ne durera pas. Une chroniqueuse du *Washington Post* écrit en avril 2015 : « *J'espère que Donald Trump, le prétentieux animateur de* The Apprentice *se présentera à la présidentielle. Ainsi on connaîtra correctement ses revenus, ses investissements et sa dette. Mais je veux m'exprimer comme Trump qui dit n'importe quoi, sans apporter aucune preuve. Trump ne se présentera pas.* » La question, pour tout le gratin intellectuel et branché, conservateur et démocrate, bonnes âmes de droite et de gauche, n'était pas de savoir si la baudruche Trump allait se dégonfler, mais quand. Et le plus vite possible.

Ne jetons pas trop vite la pierre aux commentateurs et aux politologues de tout poil : le succès de Trump va tellement à rebours de la tradition politique américaine, qu'il était inconcevable qu'il perdure. Aux États-Unis, en effet, il était établi que, comme la terre tourne autour du soleil, la nomination tourne autour du Parti. Que ce soit chez les démocrates ou chez les républicains, l'hypothèse – évidemment jamais clairement formulée – était que l'on ne pouvait pas faire confiance à ces braves électeurs moyens pour choisir d'eux-mêmes le bon candidat à l'élection suprême. En fait, tous les acteurs de la campagne – dirigeants politiques, donateurs, communicants, lobbyistes et autres privilégiés appartenant au cercle de décision – ont pris depuis trente ans le contrôle du processus de désignation du candidat. Célébrités de la politique, du sport ou du show-biz qui proclament leur appui, levées de fonds, sondages en pagaille, couvertures médiatiques : tout est prévu, très tôt dans la course, pour que le favori – choisi en réalité par les caciques – soit connu, consacré, célébré, baptisé produit de qualité répondant aux normes des commanditaires. Chacun était, dès lors, persuadé qu'un outsider, non désigné par le système, n'avait aucune chance d'aller loin dans la sélection. Les nombreux exemples, de Ross Perot à Michelle Bachmann du populiste Tea Party, avaient été plus ou moins promptement renvoyés à leurs chères études. Encore faut-il que la quasi-totalité de l'élite républicaine ou démocrate soit d'accord sur un seul nom. Or, cette année, ce ne fut pas le cas de Jeb Bush, même s'il arrivait à réunir des donations se montant à des centaines de millions de dollars. Ce ne fut pas non plus le cas pour Hillary Clinton ; même si elle réunissait pour des raisons évidentes, la grande majorité des pontes démocrates, elle ne put empêcher la résistible ascension d'un Bernie Sanders qui, à gauche, effectua une trouée spectaculaire dans le consensus pro-clintonien. Mais ici la victoire était jouée d'avance, même si des millions de jeunes s'enthousiasmèrent pour papy Sanders, dans un pays où l'étiquette socialiste situe son porteur à la gauche de Karl Marx. Ce ne fut évidemment pas le cas chez les républicains où rien ne fonctionna selon les schémas prévus par les commentateurs avisés.

Ils partirent à seize, mais sans un prompt renfort, un seul se retrouva arrivant au port. Ce que quasiment personne n'avait vu ni compris, c'est que le paysage américain avait considérablement changé en vingt ans, que le taux de frustration y dépassait largement le taux de production et qu'il suffisait de quelqu'un d'assez affûté et de sévèrement burné, pour renverser la table, casser la vaisselle et toucher aux nerfs mêmes du pays[2]. Lénine prétendait que le communisme c'était les soviets plus l'électricité. Trump, c'est l'instinct plus les milliards. Cela permet quand même une assez belle marge de manœuvre.

Discours de la méthode Trump. Du pugilat verbal considéré comme un des beaux-arts. Expliquer comment ce vorace a éliminé, l'un après l'autre, la totalité de ses concurrents supposés coriaces. Rappeler pourquoi chez Donald Trump, cette rage, cette préoccupation de ne jamais rien laisser passer, vient de loin.

Le jeu de massacre médiatique a commencé par Jeb Bush, le frère d'un président, le fils d'un autre président. Issu d'une famille patricienne du Texas, il se voyait destiné à être le troisième locataire de la Maison Blanche, après George H. et George W. N'était-il pas un bon gouverneur de Floride ? Ne possédait-il pas tous ses certificats de bon conservateur à la fois sur le plan de la moralité – exemplaire – du capitalisme – glorifié – et du patriotisme ? D'emblée, il était le favori de l'état-major et des appuis financiers. Et ne voilà-t-

2. *Crippled America*, *op. cit.*

il pas que, dès le premier débat sur Fox News, le milliardaire à l'invraisemblable houppette attaque et ne fait pas dans la dentelle. Pas de gants, pas de fleurets mouchetés, pas de quartier. Traduisons : « *Je vais te dire ce qui ne va pas chez toi, Jeb. Ce qui ne va pas, c'est que tu es "low energy". Tu as un taux d'énergie faible. Très faible. Comment veux-tu, avec ça, devenir président du plus beau pays du monde ?* » Autre séquence : nous sommes en Caroline du Nord, État républicain par excellence où George W., le commandant en chef au moment du 11 septembre 2001 est toujours considéré comme une icône. Il faut voir Trump sur scène. Massif, carré, bien au centre, il attaque : « *Il faut que je vous dise, les gars : George W. a des qualités, mais enfin, avec cette guerre d'Irak, il a fait une grosse connerie. Très grosse. Des milliers de nos GI sont morts pour rien. Nous avons dépensé des trillions de dollars alors que ce n'est pas Saddam Hussein qui a financé les attentats du World Trade Center ! Tout le monde le sait. Grâce à quoi, nous avons hérité de l'État islamique avec ses fanatiques qui égorgent, qui lapident, qui prennent des femmes en esclavage, qui viennent nous tuer à domicile, à San Bernardino et ailleurs. Bravo les Bush ! Quelle réussite.* » Jeb Bush piqué au vif, réplique : « *J'en ai marre que tu t'attaques ainsi à ma famille. C'est honteux. C'est dégueulasse. Je pense à ma mère, Barbara, la femme la plus intelligente, la plus énergique, la plus formidable qui existe.* » Et Trump, immédiatement, de porter l'estocade : « *Mais alors, Jeb, c'est ta mère qui aurait dû se présenter et pas toi ! Parce que franchement, toi, c'est pas ça. C'est vraiment pas ça.* »

Lazzi d'écolier ? Vannes de voyou ? Insultes qui volent bas ? Il se peut. En attendant, les débats télévisés et les retransmissions des meetings de Trump font un tabac ; des millions d'Américains, dont la plupart gagnent entre 1 500 et 3 000 dollars par mois, se sont mis très vite à se sentir bizarrement représentés, incarnés, portés par ce multimilliardaire, qui donne des coups de pied dans les jambes d'un *establishment* qui les a complètement laissés tomber. Ils le répètent à l'envi, ces citoyens d'une classe moyenne paupérisée qui ne sait plus où elle va ni qui elle est : « *He tells it like it is* ». Il parle vrai, il parle à notre place. Délirant, n'est-il point, de considérer comme porte-parole des laissés pour compte, un type qui vit dans un triplex de 1 200 mètres carrés au cœur de l'espace le plus cher des États-Unis ? Mais c'est justement sa fortune et l'étalage qu'il en fait, qui fondent, aux yeux de beaucoup de ses concitoyens, sa légitimité. Ce qui est incompréhensible chez nous reste parfaitement apprécié outre-Atlantique. Trump, comme d'autres, est l'une des incarnations de l'*American dream,* de ce rêve que tout immigrant depuis plus d'un siècle peut avoir dans la tête quand il débarque devant la statue de la Liberté… ou qu'il traverse à la nage le Rio Grande. Les clichés sur la terre des opportunités, sur la possibilité de devenir riche ou du moins de gagner correctement sa vie, même en partant de rien, continuent d'avoir ici la vie dure.

Mais ce qui joue surtout dans la faveur dont jouit Trump depuis qu'il est entré par la grande porte en politique, c'est justement le fait qu'on le considère assez riche pour être indépendant de tous les lobbys, de toutes les puissances d'argent, de tous les groupes de pression : c'est bien parce qu'il a senti cela qu'il ne cesse de répéter qu'il finance lui-même sa campagne et qu'il n'a besoin de personne, même si depuis sa nomination, les dons affluent et qu'il ne crache évidemment pas dessus. Ni achetable, ni vendable : tel est son argument marketing et beaucoup d'Américains, là-dessus, le suivent. D'ailleurs, la révélation de l'étendue de son patrimoine a été l'objet de polémique avant même qu'il annonce officiellement sa candidature : pour beaucoup de chroniqueurs américains, en effet, Trump n'allait évidemment pas se présenter puisque la loi oblige tout aspirant à la présidence des États-Unis, de révéler, de la façon la plus complète et précise possible, l'état de ses finances et de ses possessions, mobilières et immobilières. Dans son plus récent livre, *Crippled America*, Trump ne s'est pas fait faute de reproduire l'état sonnant et trébuchant de sa fortune, qu'il évalue lui-même à près de 10 milliards de dollars, alors que la revue *Forbes* ne lui en donne que moins de la moitié. Reste que l'on parle bien de milliards, et non de millions. Cela permet de mettre cette histoire à sa vraie place, celle du premier milliardaire de l'Histoire américaine, briguant ouvertement la Maison Blanche et la retrouvant à portée de main, à portée de vote.

C'est aussi pour cela que l'aventure Trump nous paraît, du côté de notre vieille Europe, relever quelque peu des mœurs étranges de la planète Mars. Ici, nos ultra-riches ne se présenteraient jamais à la présidence de la République. Incongru. Impensable. Déjà que le public les considère comme des voleurs ou au mieux des prédateurs, déjà que le fisc les traque comme des malades jusqu'à ce qu'ils agonisent en suppliant la Belgique ou la Suisse de leur donner passeport et carte d'identité, s'il leur fallait encore affronter le suffrage universel pour recevoir coups et horions, lazzis et ragots, non merci. Les vrais riches de France et de Navarre, en leur infinie sagesse, ont compris : ils achètent des journaux, des radios, des télévisions et savent faire, doucement mais sûrement, pression sur le publiciste récalcitrant, en alternant la carotte de l'augmentation de salaire et le bâton de la suppression des annonces publicitaires. Par ailleurs, on entretient les meilleures relations avec tous les politiques, en herbe comme en préretraite, au placard comme en garde à vue, de façon à huiler le présent, et sauvegarder l'avenir. L'*homo financiarus* en nos contrées ne se hasardera pas à briguer l'Élysée : trop voyant, trop exposé, trop douteux dans le rapport qualité-prix. Les nantis, dans le mental de nos populations, attirent et révulsent, sont enviés et méprisés, somme toute un mal nécessaire qu'il importe de contrôler par voie fiscale ou tout autre moyen disponible. Alors, la politique ? Oui, certes, mais à consommer avec modération. Et distance.

Cela fait plus de quinze ans que Trump pense à la présidence. Déjà, dans son best-seller de 1987, *The Art of the Deal*[3] (l'art de la négociation), les dernières lignes soulignaient qu'il rêvait un jour d'exercer ses talents au service de son pays, mais cela, ajoutait-il, c'est une autre histoire. En attendant, concluait-il, faisons des affaires, bâtissons les plus beaux gratte-ciel du monde.

Après plusieurs tentatives d'entrée en politique, sur lesquelles nous reviendrons, il franchit la barrière en 2015. Parce que, comme dit le titre d'une de ses meilleures biographies non autorisées, pour lui, rien n'est et ne sera jamais assez[4].

---

3. Random House, 1987.

4. Michael D'Antonio, *Never Enough*, St Martin's Press, janvier 2016.

Revenons à sa méthode. Trump a compris depuis longtemps les nouvelles lois de *l'ubérisation* politique et de l'extension implacable du domaine de la lutte médiatique. Plus c'est fort, plus c'est symbolique, plus c'est polémique, plus je serai repris, cité, adulé ou traîné dans la boue, haï ou adoré : qu'importent les réactions, pourvu que j'aie le buzz. Là où les autres dépensent des centaines de millions de dollars en propagande télévisée pour le traîner dans la boue ou pour faire étalage de leurs qualités, les médias le suivent comme un seul homme et sans que cela lui coûte un sou vaillant. Il ne fera pas une analyse de trois heures ou de quatre cents pages sur les avantages et les inconvénients de l'immigration clandestine et illégale. Il ne va pas tourner comme la plupart des politiciens sept fois la langue dans sa bouche pour égrener un chapelet de circonlocutions dans le style faux-cul et ampoulé du « pas d'amalgame » et du « pas de stigmatisation ». Non : il twitte. Plusieurs fois par jour, et c'est tout aussi efficace.

Les populations vivant au sud-ouest des États-Unis savent très bien ce que Trump veut dire quand il a proposé, dès le premier jour de son entrée en campagne, d'ériger un mur le long de la frontière mexicaine pour empêcher les trafics de drogue et autres exactions. La classe politico-médiatique hurle au racisme : Trump monte dans les sondages. Après le Bataclan et San Bernadino, quand il propose de ne pas laisser entrer les personnes venant de pays à risques, susceptibles d'être des soldats de l'islamisme radical, les mêmes crient à la xénophobie. Mais Trump continue son ascension sondagière. Auparavant, il aura mené campagne contre Obama en se disant persuadé que celui-ci n'était pas né aux États-Unis, ce qui le rendait inapte à la candidature aux élections présidentielles américaines. Grosse polémique à la clé : on le couvre d'injures, mais Obama est obligé d'exhiber son acte de naissance. Preuve supplémentaire, s'il en était besoin, que Trump n'hésite devant rien.

Il répète à l'envi : « *Un pays qui ne sait pas défendre ses frontières est un pays vaincu.* » Du coup, une grande revue new-yorkaise le compare à Marine Le Pen ; des vedettes du Tout-Hollywood signent une pétition « *Dump Trump* » (coulez-le). Les ténors des grandes émissions satiriques se disent prêts à payer un chèque de 50 000 dollars à quiconque prouverait que Trump est l'arrière-petit-fils d'un orang-outang : et ça continue, encore et encore...

Imaginons un instant des échanges pareils en France, voire en Europe. Même pas en rêve. Tout s'arrêterait immédiatement, eu égard à l'avalanche de procès que les individus et les associations de tout acabit intenteraient immédiatement aux profanateurs de pareilles sépultures. Vous voyez vraiment Sarkozy dire au journal de 20 heures, sur TF1, ce qu'il pense vraiment de Juppé, et vice-versa ? Ou encore Manuel Valls à la même heure, sur une chaîne du service public, formuler en termes exacts l'opinion qu'il a d'Emmanuel Macron ? Arrêtons là l'irraisonnée comparaison. Heureusement, nous sommes en France, le pays de la mesure, de la courtoisie, du feutré, de l'élégance. Et non, Dieu merci, en Amérique, pays de cow-boys, à la vulgarité aussi épaisse qu'étalée.

En attendant, Trump a continué de plus belle. Jeb Bush éliminé, les espoirs de l'état-major républicain, des bureaucrates de Washington, des lobbyistes de partout et des généreux donateurs, qui attendent un juste retour sur leurs investissements, se tournent vers le fringant Marco Rubio, sénateur de Floride et jeune espoir du Parti. Lui, au moins, saura tenir tête au bulldozer de Manhattan. Trump va quand même sur ses 70 ans ; on va lui opposer un brillant représentant de la jeune génération qui n'a pas sa langue dans sa poche et à qui nous allons donner tous les moyens nécessaires pour contrecarrer l'incontrôlable Donald. Las ! Trump remet cent fois sur le métier l'ouvrage qui lui a si bien servi contre « *low energy* » Bush. Dorénavant, fidèle à sa stratégie du logo qui tue, il n'appelle plus le sénateur de Floride que « *Little Marco Rubio* » (petit Marco Rubio). Comme il ne manque pas d'accoler à chaque fois qu'il cite son nom, l'épithète d'escroc à sa future adversaire démocrate : « *Crooked Hillary Clinton* ». Et de souligner, hautement et publiquement, à son intention, évoquant la vie aussi polissonne que mouvementée de Bill : « *Si Hillary n'arrive pas à satisfaire son mari, comment peut-elle penser satisfaire l'Amérique ?* » Amis de la poésie, bonjour... Lors d'un débat télévisé, il apostrophe Marco Rubio et lui lance : « *Regarde, Little Marco Rubio, à quel point tu transpires. Tu es complètement en sueur.* » Et Trump de brandir une bouteille d'eau minérale et de la secouer légèrement : « *Que le monde découvre à la télévision un président des États-Unis en transpiration permanente, ce n'est pas possible. Tu comprends ça ?* » Et le Donald de battre à plate couture Marco Rubio dans son propre État de Floride. *Exit* Rubio.

Les autres ont déjà quitté l'arène. Restent Ted Cruz qui a déjà gagné quelques primaires dont celles de son fief, le Texas, et John Kasich. À présent, pour les caciques du parti de Ronald Reagan, l'heure n'est ni auguste ni nuptiale, mais bien solennelle. Et grave. Cruz représente leur dernière chance de barrer la route de la nomination à la bête immonde... Des comités s'organisent pour le « tout sauf Trump ». Les richissimes bailleurs de fonds du parti s'enferment dans des conclaves *ad hoc*, pour essayer d'utiliser tous les moyens possibles afin d'empêcher la catastrophe du trumpisme annoncé. Pour eux, en effet, Trump n'a aucune chance de l'emporter face à la candidate démocrate, alors que, après deux mandats d'Obama très moyens et le mécontentement évident de la plupart des Américains, l'occasion est là, aussi unique que miraculeuse, de retrouver la blanche maison et les rives du Potomac.

L'histoire se répète. Trump repart au combat avec son nouveau slogan : « *Lying Ted* » (Ted le menteur). Cruz met tous ses espoirs dans la primaire de l'Indiana : mais là aussi, Trump gagne avec une avance plus que respectable. Du coup, le sénateur du Texas jette l'éponge ainsi que John Kasich. Et le combat cessa faute de combattants. Fait extraordinaire : cette année, pour les seules primaires républicaines, 13 millions d'Américains ont voté pour Donald Trump qui a ainsi déplacé vers les urnes et les caucus, plus d'électeurs que Reagan et Bush père et fils. Du jamais vu dans l'histoire politique récente des USA. *The Times they are a changing'*, évidemment pas dans le sens où le chantait, il y a un demi-siècle, Bob Dylan…

CHAPITRE III

Les meetings de la rock star

« Je vous promets que si je suis élu, l'Amérique ne se laissera plus jamais faire. Plus jamais. »

Biloxi, Mississippi. Janvier 2016. Il fait – 2 degrés. Ça fait deux heures que 20 000 personnes attendent leur idole, gelées sous leur K-Way. Le stade de football est plein à craquer. Musique rock à fond, de *Tiny Dancer* à *Sympathy for the Devil*, des Blood Sweat and Tears aux Rolling Stones. Et puis, tout d'un coup, une clameur : il est là. Avec son oriflamme capillaire jaune carotte, sa silhouette massive, ses deux bras levés : « *Hello folks* ». Et la foule, d'une seule voix, en cascade : « *Trump ! Trump ! Trump ! Trump !* » Et lui : « *Thank you, thank you. So glad to be here* ».

Pendant toute la campagne, ses gigantesques messes en plein air ou en stade fermé se suivent et se ressemblent. Le rituel est toujours le même : le candidat des républicains arrive dans son Boeing 757 marqué en lettres d'or à son nom, comme la totalité des produits qu'il génère, du gratte-ciel à la cravate. Alors que les autres, concurrents ou adversaires, rivaux ou ennemis, de Clinton à Sanders et auparavant de Bush à Rubio, arrivaient en train ou en voiture, lui, d'emblée, n'hésite pas à afficher ses signes extérieurs de richesse. Et ça plaît. Ça plaît beaucoup, du moins à ceux et celles qui sont venus l'entendre. Les gigantesques haut-parleurs qui entourent le stade jouent à présent du Puccini. Quelque part, un groupe de protestataires montre son hostilité en brandissant une pancarte : *Dump Trump.* Un couple les regarde. Puis l'homme s'adresse à sa petite amie : « *Je crois que je vais aller leur casser la gueule et comme ça, je passerai sur CNN. Tous ces connards de médias n'attendent qu'une chose, ne montrer que les gens qui sont hostiles à Trump. Eh bien, ils vont voir.* » On lui demande pourquoi il est là et pourquoi il appuie avec autant d'enthousiasme le multimilliardaire.

« *Parce qu'il dit ouvertement tout ce que nous pensons. Nous avons tous envie de baffer tous ceux qui nous emmerdent et Dieu sait s'il y en a, dans la vie quotidienne comme en politique, mais nous, on est obligés de la fermer. Lui, il le dit pour nous.* »

Le prédicateur qui précède le Donald, chauffe la salle. « *Vous l'aimez, vous avez raison. Il le mérite ! Il le mérite !* » Tous les sondages effectués, dès le début de la campagne, auprès de ceux qui se déclarent sûrs de voter pour Trump, s'accordent à le reconnaître : au commencement, est la colère. La rage. Des millions d'Américains appartenant à la classe moyenne, se déclarent angoissés devant l'avenir, dépossédés par le présent, inquiets par l'immigration et les attentats, impuissants face au chômage et aux délocalisations, anxieux sur l'avenir de leurs enfants... En Amérique comme en Europe, l'ascenseur social ne fonctionne plus, tant s'en faut, comme avant. Alors que sur notre continent, les mouvements nationaux et populistes comme le Front national en France, l'UKIP en Angleterre, la formation de Geert Wilders en Hollande, les partis identitaires en Autriche, en Pologne, en Slovaquie et ailleurs connaissent depuis quelques décennies, une faveur grandissante qui se constate à chaque élection, le phénomène est plus récent outre-Atlantique où tout de même la vague du Tea Party avait été l'annonciatrice spectaculaire de ce qui se passe aujourd'hui au grand jour.

Trump se fait littéralement le porte-parole de cette frustration, et c'est pour ça qu'ils ont pour ce Cid new-yorkais plein aux as, les yeux de Chimène. Mais surtout il leur affirme qu'il a les moyens de les sortir de là, de répliquer aux fauteurs de décadence, aux bradeurs de la patrie, aux islamistes qui veulent leur mort, aux pays émergents qui les volent, à la Chine qui les trompe, à Obama cocufié par l'Iran, la Russie et les autres, à tous ces pays qui réclament la protection de l'Amérique sans rien payer ; la liste est longue et le candidat n'en rate pas un sujet. Immanquablement, à la fin de cette litanie, il proclame sa volonté de « *make America great again* ». Et surtout, répète-t-il sur tous les tons, il en a les moyens. « *Croyez-moi les gars, je le ferai.* » Et visiblement, ils le croient.

Ce qui fait hurler la majorité de l'intelligentsia européenne, et les acteurs et profiteurs en place d'un système qui ne cesse de montrer l'étendue de ses failles ; ce qui fait littéralement vomir mes amis démocrates new-yorkais comme les antiracistes professionnels de Paris et de Hollywood, c'est justement ce qui fonde la réussite de Trump. Que l'on s'en réjouisse ou qu'on le déplore, c'est bien parce qu'il véhicule cette brutale envie de ne plus se laisser faire et qu'il donne ses solutions pour se battre, que celui sur qui personne ne pariait un kopek est arrivé là où il est. Mais surtout, parce que toute sa vie familiale et professionnelle, son héritage génétique et culturel, sa fulgurante réussite dans l'immobilier, autant que ses banqueroutes, ses bluffs et ses outrances, ses magouilles et son audace, et cet appétit sans limite doublé d'un ego totalement débridé, l'ont préparé à ce *blitzkrieg* politique auquel personne ne s'attendait. Dès l'adolescence, Trump était déjà dans Donald. Nous y reviendrons.

Autre facteur essentiel : l'incarnation du rêve américain, qui reste là-bas vivace malgré toutes les vicissitudes récentes. Pour faire simple, dans cette Amérique que chantait Joe Dassin, « Je veux l'avoir et je l'aurai », la promesse fondatrice est que, en travaillant dur, en persévérant sans cesse et en ne lâchant jamais, on arrive sans coup férir à la réussite matérielle, condition de toutes les autres. Et même s'ils savent que le père de leur idole était déjà lui-même, dans le Queens et dans le Bronx, un riche promoteur immobilier, et que donc Trump n'est pas parti de rien, et qu'il n'est donc pas l'archétype du *self-made-man*, ils vous expliquent immédiatement que si le paternel était à la tête de 200 millions de dollars, lui, Donald, en a 10 milliards et qu'il a fait ce que son père n'a jamais osé entreprendre : conquérir Manhattan, la Toison d'or de l'Amérique ambitieuse. Aux vrombissements du Boeing, une jeune fille lors du meeting soupira, émerveillée : « *Cet avion, c'est à lui, ça lui appartient* ». C'est là où Trump touche à la racine d'une certaine psyché américaine. Il incarne la gagne. Il ne faut jamais l'oublier : pour lui, tous ses ennemis sont d'abord des perdants. Dans le vocabulaire trumpiste, c'est l'insulte suprême.

Il y a là, pour la première fois depuis longtemps en politique, un condensé fascinant d'histoire américaine qui réunit en un seul personnage, le prédicateur et le richissime, le tribun et l'entrepreneur, la célébrité people et l'aspirant au pouvoir suprême. Trump l'a dit et répété cent fois – et l'on peut croire là-dessus à sa sincérité –

que ce qui le motive depuis toujours, c'est moins l'argent que l'aventure, et d'ouvrir de nouveaux champs d'expériences et de possibles à l'intérieur de son métier. Il n'en aura jamais assez. Sans tomber dans la psychanalyse d'école primaire, son absence de surmoi, son assurance de pouvoir, en toute impunité, dire tout ce qui lui passe par la tête, si elle continue de lui jouer des tours pendables, fonde aussi auprès d'une partie du peuple, son succès. Il est, pour eux, l'incarnation de la revanche et de la vengeance, comme dans les films de Clint Eastwood ou de Charles Bronson, comme dans les sagas kung-fu de Bruce Lee ou de Chuck Norris. On protège les bons, on s'arme, on se défend, tolérance zéro pour les méchants et les salauds. Il a appris dès l'adolescence à répondre vite et fort quand on l'attaque. Quitte à descendre aux abîmes du mauvais goût, il ne laisse rien passer : ni les quolibets d'un comédien, ni les vannes d'une journaliste, encore moins les attaques d'un politique ou les rumeurs sur Internet. On a beau lui dire qu'un futur président des États-Unis ne peut s'abaisser à répondre parfois aussi vulgairement, qu'il devrait superbement ignorer les provocations, que les chiens aboient mais ne peuvent que laisser passer la caravane, Trump n'en a cure. Il frappe comme un sourd et le fait de rater quelquefois sa cible ne le gêne en rien. Ô surprise ! Dans ce cas aussi, ses partisans, non seulement ne s'en offusquent pas, mais le suivent et lui trouvent des excuses. Ce n'est pas par aveuglement : ce qu'ils vous expliquent, c'est qu'à leur niveau, ils aimeraient vraiment pouvoir répliquer ainsi quand on les attaque dans leur vie quotidienne, mais que le fait de nourrir une famille et de s'accrocher à un emploi, les oblige à fermer les yeux. Les chroniqueurs et commentateurs ont beau expliquer que cette exhibition permanente de force n'est que le synonyme d'une insécurité chronique, les électeurs eux, sont rassurés par cette charge de la brigade plus ou moins légère, et restent persuadés qu'il ne s'agit pas de fausse monnaie et encore moins d'imposture. Trump serait raciste, xénophobe, anti-immigrants, misogyne, faussaire, irresponsable comme l'affirment ses très nombreux détracteurs ? En fait, que cela soit vrai ou faux, ceux qui votent Trump s'en fichent. D'abord ils ne sont pas sûrs que ce que disent ses adversaires soit vrai et surtout, ils pensent qu'il est le seul à pouvoir effectivement, comme il le claironne, ramener au bercail les emplois partis à l'étranger par la faute de capitalistes irresponsables. Au grand rassemblement de Biloxi, un type s'est mis soudain à crier à un de ses voisins avec qui il discutait jusqu'ici à voix basse : « *Je me fous qu'il soit ce que tu dis ! Que tu le veuilles ou pas, il est le seul capable de créer des jobs parce qu'il sait ce que ça veut dire.* »

C'est bien cela qu'il faut comprendre dans la démarche de Trump. Le mur à la frontière du Mexique, le moratoire sur l'entrée des musulmans venant de pays dits terroristes, le renvoi dans leur contrée d'origine de millions d'immigrés illégaux, la dénonciation du traité avec l'Iran, les avertissements à la Chine, la volonté de discuter avec Poutine et même avec Kim Jong-un, tout cela est volontairement et sciemment formulé comme signifié de puissance et de force dont l'Amérique aurait été, après Reagan, largement dépourvue. C'est bien de cela que le prédicateur milliardaire tire sa force de persuasion. Grâce à ses talents incontestables de prêcheur revenant sans cesse sur les vraies valeurs de l'Amérique et la nécessité de reconstruire (suivez mon regard immobilier) ce pays rongé par le doute et l'incroyance, il s'attire l'adhésion massive de millions d'évangélistes, alors qu'il en est à son troisième mariage, que ses aventures féminines ne se sont pas comptées pendant longtemps, et que l'on ne peut dire qu'il a été le plus farouche des opposants à l'avortement. Son talent – qu'il développe en reprenant toujours les mêmes thèmes mais en improvisant pendant une heure et demie, sans prompteur, sauf cas exceptionnel – consiste à utiliser la palette des émotions essentielles.

Chacun sait, depuis Raymond Aron, que l'Histoire se bâtit au moins autant par l'émotion que par la raison. Trump, quant à lui, claironne que son immense fortune le rend apte à agir pour enfin faire en sorte que cette charge émotionnelle ne se morfonde pas dans les marigots cancérigènes de l'impuissance frustrée. Par exemple, quand, au micro, face à la foule, il dit de quelqu'un qu'il voudrait lui mettre son poing dans la gueule, avec force gestes pour montrer comment il le ferait, cela fait immanquablement un triomphe. Parce qu'il agit comme tous les hommes et toutes les femmes présents à son meeting aimeraient pouvoir le faire. Il utilise dans son discours toutes les paraboles bibliques, évangéliques ou autres en formidable raconteur d'histoires. Toutes ces anecdotes symboliques, imaginées ou enjolivées, font partie intégrante de son « *storytelling* » dont chacun peut se pénétrer après l'avoir écouté en *live* ou à la télévision. Aux chefs d'États qui ignorent les USA, aux entreprises envolées dans les paradis fiscaux, aux patrons voyous comme aux États gangsters, il répète sans cesse : « *Moi, je ne serai pas comme Obama, à faire des grands dîners de gala pour tous ceux qui nous cocufient. À la moindre anicroche, moi, je décroche mon téléphone et j'appelle. Autant de fois qu'il le faudra.* » Autre parabole : celle, archi-connue, de la grenouille et du scorpion ; cette pauvre grenouille qui aide le scorpion à traverser la mare et qui se fait piquer. « *Mais pourquoi, gémit-elle ? – Tu savais bien qui j'étais en me prenant sur ton dos.* » À quelle occasion raconte-t-il cette fable ? « *Pensez à tous ces gens qui entrent dans notre pays, comme ça, sans problème, et on ne sait même pas qui ils sont et d'où ils viennent vraiment...* »

Docteur Donald et Mister Trump. Le comédien fait le show et crée le buzz, le milliardaire donne la certitude que ce qu'il avance ne restera pas lettre morte. Son génie est d'avoir réussi à faire la synthèse crédible du spectacle et de la politique. Ronald Reagan, acteur de séries B hollywoodiennes, l'avait brillamment précédé sur ce chemin, mais lui avait eu le temps de réussir sa carrière de gouverneur de Californie. Trump s'est jeté dans l'arène dix-huit mois avant l'échéance et se devait donc de faire immédiatement feu de tout bois. Ses insultes, ses provocations, ses renvois de baffes aux adversaires, ses paraboles, ses digressions, ses démonstrations de force, ses onomatopées (« boom, boom, boom »), sa gestuelle, tendent d'abord à montrer sa différence. Il est aux antipodes absolus de toute normalité présidentielle. Il n'y a qu'à comparer, en guise de récréation, le vocabulaire et les attitudes d'un Donald Trump et d'un François Hollande, pour passer un léger moment d'humour dans cet univers impitoyable. Trump ne veut surtout pas être l'homme sans qualités. Il n'essaye pas de dire à ses électeurs : je suis comme vous. Non : j'aspire à être votre leader parce que, ayant gagné et réussi pas mal de choses, ayant un nom que j'ai fait dans le monde entier, synonyme de qualité supérieure, je me crois capable de changer les choses, pour vous et pour notre pays. Un chef n'a pas vocation à être un « président normal », mais celui qui est en capacité de rendre possible au moins une bonne partie du souhaitable.

Voici un quart d'heure que le meeting a commencé. À un moment donné, Trump se tourne et désigne un coin du stade, celui où sont parqués les journalistes qui suivent le candidat. Ici commence l'un de ses couplets favoris, le plus récent chapitre de quarante ans d'une histoire d'attraction et de répulsion, entre les médias et lui. Depuis des décennies, ils jouent à « je t'aime moi non plus », mais aujourd'hui, Trump a plutôt tendance à cogner. « *Vous voyez, dit-il en s'adressant à la foule, là il y a les journalistes. Ils me suivent depuis le début de ma campagne. En fait, ils me suivent depuis toujours. Ce n'est pas moi qui les ai invités mais je ne les empêche pas de venir, bien sûr.* » Murmures, çà et là. « *Vous savez, il y en a qui sont bien. J'en connais. Mais il y en a beaucoup qui sont malhonnêtes, envieux, jaloux, menteurs, qui racontent n'importe quoi.* » Larges huées du public. « *Par exemple, aujourd'hui avec nous, il y a l'envoyé spécial du* New York Times. *Moi, je n'ai rien contre lui, mais lui me déteste. Je ne sais pas pourquoi, mais il me déteste. Vous savez ce qu'il va faire demain ? Vous êtes 25 000 ce soir. 25 000. Mais ici et là, il y a quelques chaises vides. Eh bien, le mec du* New York Times, *il va photographier les chaises vides et raconter qu'il n'y avait pas grand monde au meeting de Donald Trump !* » Bronca de la foule. Chroniqueur pourri ! Le tour est joué.

Après la presse, vient le tour des politiciens dont la majorité serait à la fois incompétente et paresseuse, tenus par les lobbys et les grandes firmes qui leur distribuent suffisamment d'argent pour les tenir et s'assurer ensuite de leurs bons et loyaux services. Et d'ajouter : « *Je le sais, d'autant plus que beaucoup d'entre eux sont venus me solliciter. Et je peux vous le dire : j'ai arrosé les démocrates comme les républicains, j'ai fait des dons à tous, notamment et largement à Bill et Hillary Clinton. Normal : en tant qu'homme d'affaires, il me fallait être en bons termes avec ceux qui allaient me donner l'autorisation de bâtir des tours, des casinos, des terrains de golf dans leur région. À l'époque, dans mes débuts, à New York, mon père et moi étions démocrates parce que là-bas, depuis toujours, le pouvoir leur appartient. Mais vous savez, je ne suis pas le seul à avoir changé : Ronald Reagan, lui-même, avait commencé comme démocrate. C'est bien parce que j'ai été de ce côté de la barrière que je sais comment ça fonctionne. Je sais surtout que moi aujourd'hui, je ne serai jamais sous la coupe de qui que ce soit parce que j'ai suffisamment d'argent pour me passer de leur générosité !* » Vivats de la foule.

Mais Trump ne s'en tient pas là. Après la dénonciation, il importe de passer au côté positif, au « que faire ». Là commence son travail de thaumaturge. Il explique à ses auditeurs qu'il a bien compris leur mécontentement, leur colère, leur sentiment d'impuissance. Le travail devient rare, la criminalité augmente, souvent due, selon lui, à l'immigration clandestine. Et il cite des exemples bien avant Orlando. Trop de crimes, trop d'innocents tués. Là, un silence. Il pointe un doigt accusateur et dit d'une voix profonde : « *Cela va finir.* » Attention : le ton n'est pas : je vais faire mon possible pour que la criminalité diminue, je vais prendre les mesures adéquates, etc. Non. C'est présenté non comme une promesse, mais comme un fait déjà établi. « *Si vous m'élisez, ce sera fait. Je vous garantis ceci : personne et je dis bien personne, n'osera plus venir nous embêter. On va s'occuper de tous ces gens, un après l'autre. On va faire de nouveaux accords. Ils ne vont plus pouvoir nous empapaouter comme ils l'ont fait jusqu'ici. Le TAFTA*[5]*, le TTIP*[6]*. L'un après l'autre. La Corée du Sud, l'Arabie Saoudite, le Viêtnam, le Japon, la Chine et tous les autres. S'ils se conduisent mal, s'ils ne nous traitent pas correctement, on s'occupera d'eux comme il faut. On les mettra au placard et peut-être, peut-être reviendront-ils* ». La foule

5. Transatlantic Free Trade Agreement.
6. Transatlantic Trade and Investment Partnership.

chante : « *USA, USA !* » Trump : « *Je vous aime* ». Et là, c'est parti pour la deuxième séquence, la plus essentielle de ses meetings : l'illustration de la pensée positive. Vous pouvez le faire ? Il peut le faire. Ce n'est pas « *Yes we can* », mais « *Yes we must* ». On doit le faire, on n'a plus le choix.

L'un des hommes qui eut en effet le plus d'influence sur le jeune Donald, fut le révérend Norman Vincent Peale. Ce pasteur méthodiste fut le théoricien de ce qu'il appela « la pensée positive ». Il fut à lui seul un extraordinaire propagandiste de ses idées par les livres, les magazines, et la radio. Son émission était écoutée par 30 millions d'Américains et son livre intitulé *Le Pouvoir de la pensée positive,* paru en 1952, se vendit à 2 millions d'exemplaires en deux ans et continue aujourd'hui encore d'être lu par des milliers de fidèles. Que dit Peale ? Que la confiance et la bonne connaissance de soi permettent de surmonter n'importe quel obstacle que la vie peut vous réserver. Il prétendait que par sa méthode, tous les maux pourraient se résoudre, de l'alcoolisme à la pauvreté. Pour lui, Dieu était tout simplement le meilleur des conseillers en psychologie humaine. Il utilisait notamment les techniques d'Émile Coué dont la célèbre méthode d'autosuggestion consiste – entre autres – à dire très régulièrement, « chaque jour, en toute chose, je me sens de mieux en mieux ». Peale, à son tour, recommandait de répéter jusqu'à plus soif, des phrases telles que : « Dieu me donne le pouvoir d'atteindre ce que je veux vraiment. » Formuler ce refrain au moins dix fois par jour permettrait, selon lui, d'en être intimement convaincu. Pour lui, il fallait éviter les concepts chrétiens du péché, de la souffrance et de la rédemption. Il recommandait de se libérer de toute culpabilité et rappelait qu'il est normal que tout être humain veuille influer sur les circonstances de sa vie, vaincre la peur, la faiblesse, enfin se vaincre soi-même.

La congrégation de Peale, située sur la Fifth Avenue, attira peu à peu des banquiers, des politiciens, des entrepreneurs et des hommes d'affaires comme Fred Trump et son fils Donald. Aujourd'hui encore, l'enseignement de Peale, celui de la pensée victorieuse, se retrouve intact dans le langage de Trump, que ce soit dans ses livres, ses apparitions ou dans ses discours. Ses réalisations immobilières sont toujours les plus belles et les plus luxueuses. D'ailleurs, tous les produits qui portent le nom de Trump doivent être synonymes de la qualité la plus haute et s'il reconnaît, de temps à autre, des échecs, ceux-ci ne pèsent rien devant l'excellence de ce qui a été accompli. Positif, vous dis-je. En France, qui passerait ainsi son temps à nous vanter l'excellence de ses produits et la supériorité de ses actions, apparaîtrait vite comme un mégalomane prétentieux qui susciterait autant d'hostilité que de rejet. En Amérique, on applaudit parce qu'on aime le succès et qu'ils sont nombreux à penser, comme Trump, qu'on n'est jamais si bien servi que par soi-même. Si je ne proclame pas l'extraordinaire estime que j'ai en ma personne, qui le fera ? Donald est donc un fou qui se prend pour Trump, et ça marche.

CHAPITRE IV

Le médium est le message

« Twitter, c'est beaucoup plus efficace que le New York Times et cela ne coûte pas un cent. »

Si, dans ses grandes messes de rock star, Donald Trump se permet désormais de dauber sur le *New York Times* et ses journalistes, ce n'était pas le cas, il y a trente ans, quand il cosignait avec Tony Schwartz son premier livre, *The Art of the Deal*, tiré à 3 millions d'exemplaires, dont il prétend, à moitié ironique, qu'il s'agit du meilleur ouvrage jamais écrit, après la Bible. Pensée positive, quand tu nous tiens...

En 1987, il analysait : « *La puissance du* New York Times *est immense. C'est certainement une des institutions les plus influentes du monde.* » Il exultait de joie parce que la rédactrice en chef de la rubrique architecture du quotidien, Ada Louise Huxtable, avait rédigé un article très laudatif sur le projet de la Trump Tower dont il avait pris le risque de lui montrer les plans. Mais dans le même ouvrage, il faisait déjà montre à ce sujet d'une assez belle lucidité, en précisant : *« Si j'achète une page entière de publicité dans le* New York Times *pour faire connaître un projet, cela me coûtera au moins 40 000 dollars et en tout état de cause, les gens sont en général assez sceptiques sur la véracité de la pub. En revanche, si le* New York Times *écrit un article même modéré sur l'une de mes transactions, cela ne me coûtera pas un cent et cela vaudra bien plus que 40 000 dollars.* »

Trump a compris très tôt la nécessité vitale du faire savoir. Déjà, dans les années 1980, il s'était convaincu que les médias étaient des bouches ouvertes qui avaient toujours faim d'une bonne histoire. Plus celle-ci pouvait faire sensation, plus elle était précieuse. Donc, pour que la presse s'intéresse à lui, il lui fallait être différent, légèrement excessif, ou en tout cas être capable d'accomplir des choses audacieuses et controversées. Dès lors, il écrivait, toujours en 1987 : « *J'ai toujours fait des choses en dehors des clous. La polémique ne me gêne pas et mes projets doivent être ambitieux, ou ne pas être.* » C'est très exactement ce qu'il a commencé à faire en politique. Quelque part, après avoir bâti ce qu'il considère comme les plus grandes tours de New York, et donc du monde, il s'est dit qu'il lui fallait, en fin de carrière, briguer le seul bien que nul, même lui, ne pourra jamais acheter : la Maison Blanche.

Mais c'est dès 1976, à 30 ans, que Trump comprit à quel point la presse en particulier et les médias en général allaient jouer un rôle fondamental dans sa trajectoire de vie. À l'été de cette année-là, une journaliste du *New York Times*, Judy Klemesrud[7], prit contact avec Trump à l'occasion d'une série de papiers qu'elle se proposait d'écrire sur les lieux favoris de personnalités new-yorkaises connues[8]. Très heureux d'être considéré comme faisant partie de cette catégorie privilégiée, il recommanda d'aller visiter Brooklyn ou le Queens où il avait grandi et tout appris avec son père. Quelques mois plus tard, la même journaliste entreprit de faire, toujours pour le *Times*, un portrait spécial de notre héros, en le suivant pendant une journée dans Manhattan, le décrivant comme un jeune homme avec de « superbes dents blanches » qui serait quasiment le sosie de Robert Redford. À cette occasion, Trump n'hésita pas à employer les grands moyens : limousine avec chauffeur et plaque d'immatriculation commençant par DJT, costume et chaussures marron, arrêt dans les lieux à ses yeux les plus prisés de la ville la plus branchée de la planète. Dans l'article, Trump insiste sur le fait qu'il n'aime pas beaucoup la publicité ! Il dit à la journaliste qu'il était d'ores et déjà à la tête d'un pécule évalué à 200 millions de dollars, chose que personne ne pouvait pourtant vérifier ; il continuera très longtemps de jongler ainsi avec les chiffres. Sa prétendue timidité

7. Cité dans *Never Enough, op. cit.*

8. *Ibid.*

ne l'empêcha pas de vanter son flair pour les affaires, de signaler qu'il avait gagné la première place parmi les diplômés de la célèbre faculté d'économie, la Wharton School. Klemesrud reproduisit tous ses propos sans la moindre contestation, ni vérification. Elle publia l'éloge de son père qui lui déclara : « *Donald est la personne la plus brillante que je connaisse. Il transforme tout ce qu'il fait en or* ». Bon sang ne saurait mentir… Le seul bémol fut apporté par l'architecte Der Scutt, qui avoua que son patron était prêt à toutes les exagérations quand il s'agissait de faire une bonne vente. En gros, l'article du *New York Times* fut un condensé exemplaire de publicité réussie pour Trump : richesse, danger, sexe, enthousiasme, à propos de ce jeune loup qui fréquentait de superbes mannequins et appartenait aux clubs les plus élégants de New York. Jusqu'à son chauffeur, ancien officier de police de la ville au chômage, qui portait sur lui un revolver chargé.

Il s'agissait certes d'un portrait et pas d'une enquête. Donc, pas de vérification des faits ni des déclarations du jeune prodige. De plus, à l'époque, le *New York Times* était LE quotidien de référence. S'il s'intéressait à Donald Trump, celui-ci en devenait donc intéressant. Mimétisme de la presse : la télévision fait appel aussitôt à Trump que Channel 7 traite d'emblée de magnat de l'immobilier alors qu'il n'avait pas encore construit grand-chose. Au commencement est l'image. Mais tout de même, quel chemin parcouru depuis 1971, année où un Donald Trump, âgé de 25 ans, louait son premier appartement sur la 75e rue et la 3e avenue. Ce qui ne l'empêchait pas de passer ses journées à Brooklyn avec son père, en faisant le parcours dans sa Cadillac. Le coup de cœur avec Manhattan fut immédiat et le jeune homme de bonne famille se mit très vite à fréquenter les endroits à la mode de l'époque : le 21, le Four Seasons, et surtout Le Club où l'on ne pouvait entrer que si l'on était membre et où il se mit à côtoyer, fasciné, Diana Ross et Al Pacino. Le banlieusard émerveillé découvrait l'Upper East Side et se dit très vite que c'est là qu'il allait bâtir. Pas question un instant qu'il mène la vie de son père, qui rentrait à la maison à 7 heures du soir, mangeait, lisait le journal, regardait les nouvelles à la télé et allait se coucher. Trump se mit à écumer les lieux où l'on pouvait rencontrer à la fois gens de plaisir et gens de pouvoir, hommes d'influence et femmes de séduction : sa sobriété naturelle l'empêchait de déraper, ne fût-ce que d'un cillement, et il pouvait tirer la substantifique moelle de ses rencontres avec des banquiers, des avocats, des assureurs, des entrepreneurs. L'envol du petit prodige de l'immobilier pouvait commencer.

En 1983, la réputation de Trump est déjà faite. Autre épisode de construction de marque : la série télévisée extrêmement populaire intitulée *Lifestyle of the Rich and Famous* (l'art de vivre des gens riches et célèbres), suivie par des millions de téléspectateurs heureux de rêver au spectacle de superbes maisons, de luxueuses voitures, et de somptueux décors. La série commença avec la princesse Diana, la chanteuse Cher, la romancière Barbara Cartland, et, dans la première livraison, un seul homme : le promoteur Donald Trump, sorti depuis longtemps de l'anonymat. Désormais, tous les magazines s'intéressaient au couple formé par Trump et sa femme Ivana, mannequin et sportive Tchèque, qui s'était autoproclamée championne olympique de ski. Leur vie ressemblait désormais à un jeu de Monopoly en temps réel. Trump achetait un terrain le vendredi, construisait le samedi, inaugurait le dimanche. Les couvertures de magazines s'accumulaient, de *Newsweek* à *Business Week*, de *Fortune* à *New York*.

Vertige des médias et agrandissement exponentiel de l'image de l'heureux élu. Donald Trump fut en 1981 proclamé milliardaire par les magazines people, bien avant qu'il ne le dise lui-même. Eu égard au tempérament de celui-ci, cela aurait dû être le contraire.

Trump ne mit pas longtemps à devenir l'un des hommes les plus habiles dans la manipulation de médias qui ne demandaient que cela. L'histoire la plus exemplaire remonte au milieu des années

1980, quand il se mit à vendre les appartements de sa toute nouvelle Trump Tower où aujourd'hui encore, il habite et travaille. Très vite, les stars affluèrent, de Michael Jackson à Steven Spielberg, de Paul Anka à Liberace, et beaucoup d'autres. Mais là où les talents publicitaires de Trump se surpassèrent, ce fut lors de « l'épisode anglais ». Trump reçoit un coup de téléphone d'un journaliste lui demandant s'il était vrai que le prince Charles d'Angleterre avait acheté un appartement dans sa tour. C'était exactement la semaine où Charles et Diana venaient de se marier et devenaient ainsi le couple le plus célébré par les médias du monde entier. La politique du groupe étant de ne jamais commenter une vente, Donald refusa de confirmer ou de démentir la rumeur. Le journaliste appela donc Londres et Buckingham Palace. Mais comme le couple princier était à ce moment en voyage de noces à bord du yacht *Britannia*, le porte-parole du palais royal ne put que répéter qu'il n'en savait rien et se refusait à embêter Charles et Diana avec pareille question. Du coup, puisqu'il n'y avait pas de démenti, la nouvelle de l'achat par le prince de Galles d'un appartement dans la Trump Tower fit la une des journaux de la planète. Et fit beaucoup pour renforcer la réputation et l'image de club très privé de la désormais célébrissime et richissime Trump Tower…

Cette relation d'amour-haine entre Trump et les médias n'a jamais cessé. Depuis qu'il est entré en politique par la sublime porte, celle de la présidentielle, les passions, dans un sens comme un autre, se sont exacerbées. Il est devenu pour la quasi-totalité de la presse proche du parti démocrate, l'homme « que vous aimez haïr ». Les néo-conservateurs, eux aussi, dans leurs revues et magazines, le vouent aux gémonies parce qu'il veut taxer encore plus les riches et fonder un système de Sécurité sociale qui ferait en sorte qu'aucune personne d'origine modeste n'obtienne pas les soins nécessaires. Si certains latinos lui promettent les flammes de l'enfer au cas où il gagnerait, d'autres, lors des primaires du Nevada, ont voté pour lui en masse. Même si la majorité de la population noire proclame, dans les sondages, son hostilité au roi de l'immobilier, d'autres, comme le docteur Ben Carson, qui se présenta un bref moment aux primaires, l'appuient sans réserve. Trump suit de plus belle son drôle de chemin semé de paillettes et de strass, de néons et de décibels, d'autant plus efficacement qu'il est l'un des premiers à avoir compris l'un des phénomènes les plus importants de ce début de siècle d'Internet : la désintermédiation.

Qu'est-ce que cela veut dire ? De même que Airbnb, Uber, BlaBlaCar, et autres outils de mise en contact direct, permettent désormais à tout un chacun, sous toutes les latitudes, de louer un appartement, de se faire conduire en voiture ou de partager avec d'autres un véhicule, de même des réseaux sociaux comme Facebook, Twitter et Instagram permettent, aux messagers comme aux récepteurs, de s'écouter instantanément, d'échanger leurs rôles, de se renvoyer l'information, et converser longuement sans aucun intermédiaire. Ainsi, Trump, qui affirme que ses tweets sont écrits uniquement par lui-même, aurait en 2016, entre ces trois réseaux, plus de 15 millions d'abonnés, comme il l'affirmait dans mon interview. Et d'ajouter : « *C'est comme si j'étais propriétaire du* New York Times *sans avoir eu à payer quoi que ce soit, et encore moins à endosser les pertes.* » Ces abonnés, dont le nombre grandit régulièrement, forment, se persuade-t-il, la base de son mouvement. L'autre pilier médiatique étant le petit écran sur lequel, présidentielles obligent, il sévit tous les jours. Dès ses premiers pas dans l'immobilier, après s'être affranchi de la tutelle de son père, il avait compris la nécessité absolue de faire le spectacle, afin de devenir célèbre, et surtout de convertir cette célébrité en bénéfices.

Rien ne démontre plus cette étonnante stratégie qui consiste à transformer l'échec en succès, que la période la plus difficile qu'a eu à connaître Trump avant son actuelle course vers la Maison Blanche : les années 1990. Ses sociétés croulaient sous la bagatelle de 3,5 milliards de dollars de dettes. Ivana, sa première épouse, demandait pour divorcer, 10 millions de dollars. Il affirme aujourd'hui que la leçon tirée de cette période lui a beaucoup servi dans sa manière d'aborder et de gagner la nomination des républicains qui paraissait au départ, en ce qui le concerne, plus difficile que l'ascension de l'Everest par grande tempête. C'est là qu'il comprit qu'il fallait à tout prix, quelles que soient les difficultés, donner en public une image de gagnant, faire confiance à son instinct et négocier, négocier, négocier sans cesse. En utilisant tous les points faibles de ses interlocuteurs et toutes les ouvertures, même les plus cachées, que recèle toujours la situation. Il a connu des banquiers qui l'ont énormément aidé et d'autres, qui étaient d'une dureté sans pareil et qui se fichaient éperdument de savoir s'il s'en sortirait ou pas. Il apprit qu'il fallait être plus dur qu'eux, fut-ce en bluffant, pour les convaincre.

Quelle fut sa bouée de sauvetage, son point fort, sa potion magique ? Son nom. La marque Trump existait déjà : il réussit à persuader ses créanciers qu'elle valait de l'or et que s'ils ne consentaient pas à lui faire encore crédit, non seulement ils tueraient le logo, mais ils ne reverraient pas un sou de ce que Trump leur devait. Plus que Bill Clinton il mérite le sobriquet de « *comeback kid* » (le garçon qui revient). Le fait d'avoir mis son nom sur toutes ses réalisations qui avaient nécessité de sa part des emprunts monstrueux, fut, *in fine* le facteur qui l'empêcha de sombrer définitivement. Ses dettes furent restructurées en cinq ans : les banques partagèrent l'opinion de notre aventurier en se disant qu'il fallait éviter à ce dernier la faillite personnelle, faute de quoi la marque Trump ne vaudrait plus rien. C'est pour toutes ces raisons qu'il a survécu, depuis, à toutes les attaques dont il fait l'objet, et qui se sont transformées, depuis son entrée en campagne, en bombardement ininterrompu. Ce qui ne l'empêche pas, on le sait, de répondre à tous les coups et de ne jamais rien laisser passer. Quand il épousa Marla Maples en 1993, il était en plein gouffre financier et les banquiers qu'il n'avait pas manqué d'inviter à son mariage, furent stupéfaits de voir au doigt de la jeune épouse, un diamant gros comme le Ritz. L'un d'eux lui demanda où il avait trouvé l'argent pour payer ce bijou. Trump lui répondit qu'il n'avait rien payé et qu'un joaillier le lui avait prêté, parce que c'était bon, pour son image, d'orner la main de madame Trump… Pouvoirs de la célébrité.

En 1995, après quelques années de galère et la vente d'un certain nombre de biens, Trump s'était rétabli en devenant beaucoup plus économe. Il avait appris que pour survivre, dans son business, il fallait tour à tour et quelquefois simultanément, feinter et menacer, cajoler et bousculer, et être, selon ses propres dires, le meilleur homme du monde et aussi le pire. On ne peut comprendre sa fulgurante campagne de 2015-2016, si on ne sait pas qu'elle a été entièrement forgée dans ces années 1990 où il a définitivement appris le coût de l'argent, la puissance d'une bonne marque, la nécessité de ne jamais rien lâcher et de se diversifier le plus possible. Il a perdu sa compagnie d'aviation, ses produits alimentaires, sa Trump University où se dispensait, pour des sommes importantes, un enseignement des affaires et du management qui fut très contesté. On le voit : même au plus fort de l'adversité, quand ses casinos d'Atlantic City perdaient des milliards, il réussit donc à éviter la faillite. Son budget de dépenses personnelles, approuvé par ses créanciers, se montait à 450 000 dollars par mois. Imperturbable, alors que les médias faisaient des gorges chaudes sur la banqueroute du flamboyant promoteur, il exhibait sa résidence de luxe de Mar-a-Lago à Palm Beach, en Floride, avec un personnel aussi stylé que nombreux. Il avait tout de même dû vendre son jet privé, son yacht de 100 mètres, le *Trump Princess* qu'il avait acheté au milliardaire saoudien Adnan Khashoggi, mais ne se montrait jamais, le soir, dans les premières ou dans les dîners, sans la compagnie de son épouse du moment, où, s'il naviguait entre un récent divorce et un prochain mariage, d'une splendide créature sortie fraîche émoulue de la dernière agence à la mode.

La génération de Donald était celle que le journaliste Tom Wolfe avait définie, au début des années 1980, dans *La Décennie du moi.* Son père, Fred Trump, avait beau être un homme riche, ses amis et relations étaient des médecins, des avocats ou des comptables. Il voyageait rarement, mis à part des vacances régulières en Floride, et pour lui, un sou était un sou. Combien de fois, sur les chantiers, son fils l'avait vu ramasser méticuleusement les clous qui traînaient par terre. Un autre trait de caractère montre sa différence notable avec son fils : il n'avait jamais voulu que ses réalisations, aussi nombreuses que réussies, dans le Bronx et dans le Queens, portent le nom de Trump. Il avait fallu lui faire violence pour qu'un parc d'attractions à Brooklyn soit nommé : Trump Village. Et ça s'était arrêté là.

Fred Trump avait certes appris la valeur de l'argent, mais l'écart de salaires et de revenus qui existait dans les années 1950 entre patrons et ouvriers, n'avait strictement rien à voir avec le fossé qui séparait les premiers de la classe de tous les autres. Il y a encore 60 ans, le rêve américain consistait à avoir une vie de famille stable, un foyer protégé, et son statut bien défini dans son voisinage et sa communauté. Changement radical dans les années 1980 : il importait, au sommet, d'avoir une vie de légende, sur laquelle les spectateurs pouvaient fantasmer. En 1987, l'un des programmes les plus importants de la télévision américaine, le 20/20 de la chaîne ABC, présenta Donald Trump à des millions de téléspectateurs. L'animatrice vedette, Barbara Walters, commença ainsi l'émission : « *Regardez le ciel ! C'est un oiseau ! C'est un avion ! Non, c'est l'hélicoptère du super-constructeur Donald Trump, fabriqué par l'Aérospatiale française et valant 10 millions de dollars. L'appareil fonce vers l'héliport de la 60e rue pour nous accueillir, avec le milliardaire homme d'affaires de 41 ans, afin de survoler son empire de Manhattan en pleine expansion.* » Barbara Walters ne se refusait visiblement rien en matière d'hyperbole.

Ainsi, une émission aux heures de grande écoute se transforma en un véritable appel à la consommation des produits estampillés Trump qui ne pouvaient qu'être parfaits. Ses résidences, son bateau, son avion, ses limousines étaient autant d'oriflammes publicitaires qui titillaient le consommateur afin de lui faire acheter tout ce que Trump vendait, de ses appartements de luxe à ses ouvrages best-sellers. Tout semblait se résumer ainsi : voilà l'univers dans lequel je vis. Même si vous n'achetez qu'une cravate ou qu'une casquette signée Trump, vous serez quelque part un peu moi. Faute de grives royales, les États-Unis mangeaient depuis des années, des merles de milliardaires. Puisque les titres de noblesse étaient absents, on allait les remplacer par la richesse, le luxe et la spectaculaire munificence d'une élite qui s'était bâtie en une ou deux générations. Trump, par la grâce d'une émission, fut ainsi consacré comme un des chevaliers blancs du rêve américain. Peu importait que lui, comme tous ses pairs, soit ainsi capable de par leur fortune, d'acheter des avocats, des lobbyistes, des politiques et autres fonctionnaires dont ils avaient besoin pour faire passer autorisations et projets ; il devenait, l'espace d'un show télévisé, l'une des auberges espagnoles des fantasmes américains.

À un moment, Barbara Walters demanda tout à fait sérieusement à Trump : « *Si vous pouviez être nommé président des États-Unis sans avoir à faire campagne, est-ce que vous aimeriez ça ?* » Il répondit que le fait d'être désigné comme leader du monde libre, ne lui paraissait pas si excitant, parce qu'il serait ainsi privé de la satisfaction de gagner une élection. Et d'ajouter : « *C'est d'abord la chasse que j'aime, je crois.* » Moins de trente ans plus tard, cette chasse était ouverte.

Quelques jours après 20/20, l'animateur d'un des programmes les plus populaires de la télévision US, Phil Donahue, présentait Trump à ses millions de téléspectateurs. Une semaine plus tard, celui-ci reçut une lettre dactylographiée ainsi libellée :

« *Cher Donald,*

Je n'ai pas vu l'émission, mais madame Nixon m'a dit que vous étiez très bon chez Donahue. Comme vous pouvez l'imaginer, elle est experte en politique et elle prédit que le jour où vous déciderez de vous présenter à la présidence, vous gagnerez.

Avec toute ma sympathie, sincèrement,

Richard Milhous Nixon »

Depuis, le feuilleton n'a jamais cessé. Alors que les vedettes du cinéma, du sport, de la télévision, de la musique et de la chanson font tout pour faire du business avec leurs shows, Trump, quant à lui, faisait tout, pour faire du show avec son business. D'où son goût prononcé pour les stars en tout genre. Dans chacun de ses livres, un grand cahier de photos se divise en trois parties : d'abord sa famille, (ses parents, ses frères et sœurs, ses enfants) ; ensuite quelques-unes de ses réalisations (gratte-ciel, terrains de golf, etc.) ; enfin les vedettes avec lesquelles il pose, de Michael Jackson à Mike Tyson, de Shaquille O'Neal à Lady Gaga. Il est très fier de mentionner que telle ou telle célébrité a acheté un appartement chez lui, parce qu'il sait que cela contribue à rehausser la valeur de son bien. Il adore commenter, sur Twitter, toutes les facettes de leur vie privée : leurs accords et leurs ruptures, leurs querelles et leurs réconciliations ; ça l'amuse, et jusqu'à ce qu'il entre en campagne nationale, il ne manquait jamais de jouer les chroniqueurs people d'une tv star à une autre. Ne jamais oublier qu'à l'heure même où qu'il était pratiquement inconnu en France, son couple spectaculaire, ses coups de canif dans le contrat, puis son divorce avec Ivana firent pendant des années la une des tabloïds, de même ensuite que sa romance avec Marla Maples, puis son troisième mariage avec Melania Knauss. Imaginez tout simplement Martin Bouygues, Bernard Arnault, François Pinault, Patrick Drahi ou Xavier Niel, faire régulièrement les choux gras de *Closer* ou de *Voici*... Pas vraiment leur genre de beauté.

Il n'empêche. Trump, dans les années 1980, a contribué au moins autant que d'autres, à changer le rapport entre médias et célébrités. Il l'a fait, répétons-le, non seulement pour ses beaux yeux et la satisfaction d'un ego gigantesque, mais surtout parce qu'à chaque fois que son nom passe sur un écran de télévision ou d'ordinateur, sur un papier journal ou sur les ondes FM, chacun s'en souviendra selon son budget et ses possibilités quand il verra un gratte-ciel, un casino, un avion, un meuble, un steak, une bouteille de vodka, un nœud papillon signé Trump. Il aura envie d'acheter pour posséder, ne fut-ce qu'un instant, un minuscule segment de cette célébrité.

CHAPITRE V

La grande émission

Toujours à la recherche de la culture de l'image et de l'autopromotion considérée comme un des beaux-arts, Trump rachète la société qui organise les concours de Miss Univers et de Miss Amérique. Rien ne lui plaît plus que d'évoluer au milieu de jolies filles, même s'il veille, fine et prudente mouche, à ce qu'il n'y ait pas de confusion entre vie privée et vie professionnelle. Ce qui compte ici, c'est encore une fois les retransmissions télévisées, la compétition, les heureuses gagnantes, les pleureuses perdantes. Et les récompenses. Et les sponsors. Et les écrans publicitaires. Le show et le bizz pacsés, comme il sied, pour l'éternité.

Mais c'est avec son émission de téléréalité, *The Apprentice*, que Donald Trump deviendra l'une des personnalités les plus connues des États-Unis et pratiquement le seul homme d'affaires à avoir, pendant dix ans, animé un show qui attirait régulièrement 15 à 20 millions de spectateurs. Après l'éclatement de la bulle Internet en 2000 et la tragédie du 11 septembre 2001, l'Amérique connut à nouveau les entreprises en faillite, les milliards de dollars de perte et un certain nombre d'emplois s'évanouissant sans laisser d'adresse. Entre 2000 et 2010, le pourcentage d'adultes travaillant à plein temps était tombé de 58 à 41 % de la population active, alors que le salaire moyen n'avait augmenté que de 1 %. Dans l'industrie hôtelière, 80 % du personnel était composé d'intérimaires. En 2002, Mark Burnett, un ancien des commandos maritimes britanniques devenu producteur, va voir Donald Trump. Il était déjà connu pour le succès de la série *Le survivant* et à présent, il avait un concept d'émission qui lui paraissait taillé sur mesure pour le milliardaire. Comme tout le monde, il pensait que la vie de Trump constituait, à elle seule, une formidable émission de téléréalité qui durait déjà depuis près de vingt ans. Il avait entendu Trump dans des conférences bien payées, capable d'improviser des discours et d'attirer immanquablement les faveurs du public en partant toujours de thèmes et d'histoires bien connus et bien digérés. C'est d'ailleurs ce qu'il a méthodiquement appliqué pendant sa campagne éclair. L'apparence est toujours soignée : costume de marque, chemise avec initiales, cravate de soie unie, boutons de manchette en or : hologramme à l'américaine d'un président-directeur général ou d'un directeur de conseil d'administration. Physiquement : toujours rasé de près, un sourire à faire pâlir d'envie un as de la dentisterie, et enfin, et toujours, le signe distinctif absolu : la choucroute royale au-dessus de la tête, authentiquement la sienne, mais coiffée et recoiffée dans plusieurs sens, de façon à ce que ne puisse exister l'ombre de prolégomènes de commencement de calvitie. Pour l'homme d'affaires, en effet, être chauve, c'est le scandale absolu. Il faut tout faire pour l'éviter. Sa génération a en effet intégré les avancées de la chirurgie esthétique et les perspectives bénies de rester jeune, ou de faire semblant de l'être le plus longtemps possible. Le botox en ce siècle devint doctrinaire, comme la Maserati ou la bague Cartier. Trump, tiré à quatre épingles, en forme et bien dans sa peau, était prêt pour les projecteurs de la culture de masse.

Mark Burnett sut comment le prendre, en lui déclarant d'emblée qu'il y a quinze ans, il vendait des chemises sur les trottoirs de Venice Beach à Los Angeles, qu'il avait alors lu *The Art of the Deal* et que cela avait changé sa vie. Trump apprécia la flatterie à sa juste valeur : cet homme se dit-il, sait vendre. Le pitch : il s'agirait de sélectionner un certain nombre de candidats ayant de l'expérience ou des diplômes, dans des domaines aussi divers que la construction immobilière, l'accueil, la promotion, les ventes. Le meilleur d'entre eux deviendrait un salarié de la Trump Organization dans n'importe lequel de ses secteurs, pour un an et plus si affinités. La personne embauchée gagnerait d'emblée, au minimum, 100 000 dollars en douze mois.

Dans cette compétition, les aspirants au job suprême devraient exécuter un certain nombre de tâches qui prouveraient leur potentiel d'initiative, d'exécution, de débrouille, de réactivité, etc. À chaque épisode, Trump jaugerait, jugerait, et pour ceux qu'il ne retiendrait pas, il prononcerait l'expression fatidique : « *You're fired* » (vous êtes viré). Et ce, jusqu'à ce qu'il n'en reste qu'un : celui-là rejoindrait triomphalement l'une de ses dizaines d'entreprises.

Pour gagner le plus de temps possible, les studios furent installés au quatrième étage de la Trump Tower, afin que le patron n'ait qu'un ascenseur à prendre pour rejoindre le plateau. Burnett et Trump n'eurent pas besoin de signer de contrat : une simple poignée de main suffit.

215 000 personnes, en provenance du monde entier, répondirent aux appels diffusés sur Internet, dans la presse et les ondes. Seules 16 d'entre elles furent retenues pour la première série d'émissions qui fut diffusée en janvier 2004. Le décor : la salle de réunion d'une grosse entreprise multinationale. Seul le fauteuil sur lequel trônait Trump était surélevé, de façon à ce qu'on sente bien qui était le chef. En fait, ce fut la réplique exacte de la salle de conf' de la Trump

Organization. Une partie de l'étage fut aménagée en dortoir, afin que les concurrents puissent y vivre en permanence jusqu'à la fin de la série.

Tout fut organisé pour que l'émission, aussitôt achetée par la NBC, rencontre un succès illimité. Le générique commençait par l'image d'un avion approchant Manhattan par la mer, puis des vues de gratte-ciel, le charivari de Time Square, des traders s'agitant à la Bourse de New York et l'incontournable statue de la Liberté. En *off*, la voix immédiatement reconnaissable de Donald Trump : « *New York. Ma ville, où le moteur de l'économie mondiale n'arrête jamais de tourner. Une métropole de béton d'une force et d'une ambition sans rivales, qui pilote le monde des affaires. Manhattan est dure. Cette île est une véritable jungle. Si vous ne faites pas attention, elle peut vous avaler et vous recracher tout aussitôt.* » Là, surgit une image d'un SDF couché sur un banc. Et Trump d'ajouter : « *Mais si vous travaillez dur, vous pouvez vraiment réussir de la plus éclatante façon possible.* » Suivent des images d'un beau manoir que possède Trump dans le New Jersey, puis, tout à coup, le milliardaire apparaît en smoking, à l'arrière d'une gigantesque limousine, et s'adresse directement à la caméra : « *Mon nom est Donald Trump et je suis le plus grand promoteur immobilier de New York. Je possède des buildings partout dans Manhattan, des agences de mannequins, le concours de Miss Univers, des avions, des terrains de golf, des casinos et des domaines privés comme Mar-a-Lago, l'un des plus spectaculaires endroits du monde. Mais ça n'a pas toujours été facile. Il y a treize ans, j'étais très sérieusement en difficulté ; j'étais endetté de plusieurs milliards de dollars. Mais je me suis battu, et j'ai gagné. J'ai utilisé mon cerveau, mes dons de négociateur et je m'en suis tiré. À présent, mon entreprise est plus forte qu'elle ne l'a jamais été et je m'amuse beaucoup plus que je ne l'ai jamais fait. J'ai maîtrisé l'art de la transaction et réussi à faire du nom de Trump la marque de la plus haute qualité ; à présent je veux transmettre une partie de mes connaissances à quelqu'un d'autre.* » Musique d'ambiance. Roulement de tambour. Trump regarde son public droit dans les yeux : « *Je cherche l'Apprenti !* »

Formidable étalage de mégalomanie assumée. Impensable en France où l'on hurlerait à l'autosatisfaction, à la prétention, à l'exhibitionnisme, et où certains chantres de la bienpensance, qui vivent à droite et salivent à gauche, exprimeraient leur indignation face à cet étalage vulgaire et plastronnant de la richesse considérée comme vertu. En Amérique, ce ne fut vraiment pas le cas. 20 millions de spectateurs étaient au rendez-vous du premier épisode. L'histoire commençait ainsi : les concurrents rencontraient Trump à la Bourse de New York. Là, au balcon où la sonnette résonne pour signaler le début des transactions, Trump leur donne sa première instruction : vendre de la limonade dans les rues de Manhattan, pendant un temps donné. L'équipe qui aura fait le plus de recettes, recevra un prix spécial. L'équipe perdante se retrouverait au studio où l'un de ses membres serait viré. Tout se jouait donc entre les deux groupes, suspense et musique, drame et travelling, cris et chuchotements. À chacun de déployer des trésors d'imagination et de conviction pour essayer de soutirer le plus d'argent possible aux passants. Cela allait du candidat particulièrement éloquent qui essayait de convaincre un piéton visiblement friqué, de dépenser 1 000 dollars pour un verre étiqueté Trump, jusqu'à une femme décidée à être la plus sexy possible, prête à donner des baisers sur les lèvres de quiconque achèterait son breuvage.

Mark Burnett avait assuré Trump que cela ne lui prendrait personnellement que trois heures par semaine ; en fait, il consacra à chacun des premiers épisodes, plus de trente heures. Mais comme il y croyait et qu'il s'amusait beaucoup, cela ne lui posa aucun problème. La première série fut diffusée sur treize semaines et rencontra le succès que l'on sait. L'un des ingrédients qui joua un grand rôle dans l'émission, c'est le geste de Trump lançant à l'un des candidats : « *You're fired* ». L'expression devint la marque de fabrique de l'émission, à l'instar d'une autre série à succès, où l'on proclame : « *Vous êtes le maillon faible. Au revoir* ».

27 millions de personnes étaient au rendez-vous de la finale de la première saison. Outre qu'il était payé plus que convenablement, Trump connut ainsi une notoriété nationale, voire internationale, dont il n'aurait jamais pu rêver en si peu de temps. Il en profita pour mettre son nom sur une série de nouveaux produits : parfums, mode masculine, et même des cartes de crédit, ainsi qu'une agence de voyages.

Au fil des ans, *The Apprentice* connut des hauts et des bas en termes d'audience, mais même à la sixième saison, 7,5 millions de spectateurs restaient fidèles à la saga de Trump et de ses Rastignac ambitieux et déchaînés.

Ce qui a rendu cette émission unique, c'est la qualité des participants retenus par un comité de sélection qui avait à choisir entre des dizaines de milliers de candidats. La plupart de ceux qui avaient franchi la série d'obstacles pour se retrouver devant leur futur employeur n'étaient pas tous, tant s'en faut, des débutants en quête d'un premier emploi. Ils étaient nombreux à avoir déjà un job et un bon salaire. Mais l'image et la réputation de Trump agissaient avec la force d'un mirage en plein désert. Pour le milliardaire, les seize compétiteurs étaient déjà tous des gagnants.

Ce qui intéressait particulièrement celui-ci, c'est la manière dont tout au long du processus, chacun d'entre eux négociait le meilleur deal. Ici, pour le patron comme pour les aspirants à l'emploi, pas de script écrit, pas de répétitions, pas de scénario. L'enjeu était assez fort pour faire régner le suspense. Quand on demanda à Trump quelles étaient les principales qualités que devait posséder le lauréat, il l'analysait ainsi dans son livre *How to Get Rich*[9] :

« *D'abord, une personnalité exceptionnelle. Quelqu'un qui fait en sorte que tout le monde se sente bien à son contact. Quel que soit le domaine que vous exercez dans le business – la vente, l'achat, la négociation, le diagnostic, le management – c'est pour moi la caractéristique essentielle. Vous devez être capable d'entrer en profonde connexion avec les personnes que vous rencontrez, toutes les heures, tous les jours. Ensuite, l'intelligence. Pas seulement la culture livresque, mais également celle de la rue. C'est cette combinaison qui fera de vous un gagnant.*

La créativité : l'aptitude à voir au-delà de l'évidence, à penser en dehors des passages cloutés, à élaborer des solutions auxquelles d'autres ne penseraient pas. C'est la qualité la plus difficile à développer : en fait, vous l'avez ou vous ne l'avez pas. Ce don ne s'acquiert pas.

9. Ballantine Books, 2004.

La loyauté et la confiance : absolument nécessaires. À la différence de la créativité et de l'intelligence, toute personne peut être loyale et fiable. Si vous ne l'êtes pas, ne vous en prenez qu'à vous-même. »

En 2011, Trump songea déjà sérieusement à se présenter à la présidence des États-Unis. Mais après quelques semaines d'hésitation, il se résolut à continuer la série, à la grande satisfaction de NBC. Ce n'est qu'en 2015, prêt enfin à sauter le pas, qu'il arrêta sa participation à l'émission. Non seulement l'animateur avait gagné en dix ans plusieurs millions de dollars, mais il s'était fait connaître de l'Amérique profonde, tout en étant paradoxalement une incarnation de la téléréalité au sens littéral du terme. Car la réalité, telle que la veut Trump, est faite d'images et de rêves, d'argent et de compétition, de la survie des meilleurs et de la nécessité du travail, de la fortune décomplexée restant, aujourd'hui encore, à la portée des petits cailloux qui veulent devenir grands, d'un rêve américain toujours recommencé. Il l'a écrit lui-même, dans un de ses livres qui oscillent toujours entre le manuel de savoir s'enrichir à l'usage des jeunes générations, et les confessions d'un enfant prodigue : « *Ma vie est une bande dessinée dont je suis le héros et cela me plaît.* » À l'heure de la plus grande compétition qui soit, il importe de ne pas oublier ce qu'a engrangé de 2004 à 2015, le plus sincère et le plus incroyable des bateleurs.

Car celui-ci le répète tout le temps : « *Ce qui compte dans le spectacle que vous donnez, dans l'émission que vous faites, dans le débat auquel vous participez, dans le meeting que vous organisez, ce ne sont ni les critiques, ni les commentaires dont, au fond, on se fout, mais d'abord le résultat en termes d'audience. Il n'y a que cela qui compte : le nombre de personnes qui vous ont suivi. Tout le reste n'a aucune importance.* »

Intermède

Ses citations préférées

« *Je connais le prix du succès : la concentration, le travail, et une dévotion sans faille au rêve que vous voulez voir incarner.* »

Frank Lloyd Wright

« *Un chef a le droit d'être vaincu, mais jamais celui d'être surpris.* »

Napoléon

« *Celui qui considère les choses extérieures à son cœur, ne fait que rêver. Celui qui regarde dans son cœur, se réveille.* »

Carl Gustav Jung

« *L'imagination est plus importante que la connaissance.* »

Albert Einstein

« *La persévérance dans l'effort – et non la force ou l'intelligence – est la clé pour révéler nos potentialités.* »

Winston Churchill

« *Je vais étudier et me préparer et peut-être mon jour de chance viendra.* »

Abraham Lincoln

Et en guise de conclusion :

« *Je me souviens du temps où c'était* **moi** *qui étais le Donald.* »

Donald Duck

CHAPITRE VI

Le Mozart de l'immobilier

« Il est plus excitant de construire un gratte-ciel que d'être candidat à la Présidence. »

1999

Ce qui est à la fois amusant et révélateur, chez Donald Trump, c'est qu'au-delà de sa passion à avoir fait de son nom une marque, il avait, avant son entrée en campagne présidentielle, une vie quotidienne réglée comme du papier à musique. Il était tellement fier et heureux de la faire partager à tous, qu'il n'a pas manqué, dans plusieurs ouvrages, de décrire par le menu une semaine trumpienne, pratiquement à la minute près. Cela vaut le détour : on suit le parcours comme s'il s'agissait de celui d'une Ferrari aux 24 heures du Mans. Préparation maximum, vérification constante du moteur et de toutes les parties du véhicule, conduite axée sur l'efficacité, l'adaptation, la manœuvre et le meilleur rapport qualité-prix. Il s'aime et il sème ; il s'admire et le fait savoir.

Dès 6 heures du matin, il lit. Non seulement tous les journaux et magazines qui parlent de lui, et ils sont toujours nombreux, mais aussi et surtout toutes les nouvelles de la planète, en bon homme d'affaires international qui construit aussi bien à Dubaï qu'à Montréal, à Aberdeen qu'à Chicago. La planète est pour lui un marché émergent qui exige que l'on se tienne au courant quotidiennement de ce qui s'y passe. Ce n'est pas un luxe, mais une absolue nécessité. Le temps lui paraît une denrée encore plus précieuse que l'argent : la durée normale d'un déjeuner ne doit pas dépasser vingt minutes. Au-delà, on traîne. Les conversations téléphoniques doivent obéir à la sacro-sainte loi des priorités et ne doivent pas excéder – sauf cas exceptionnels – plus de trois minutes. Quant aux visiteurs qu'il reçoit dans son bureau, l'entretien doit être aussi bref que précis, eu égard au nombre de ses rendez-vous quotidiens.

En revanche, il déclare s'accorder au moins deux heures par jour de réflexion. En cela, il fut influencé par quelqu'un qu'il place, dans son Panthéon personnel, à égalité avec Vincent Peale : Carl Gustav Jung. Autant notre personnage déteste l'introspection et, à notre connaissance, n'a jamais eu recours au service d'un psychanalyste, autant il dévore les bouquins traitant de psychologie et de développement personnel. S'il a mis entre parenthèses l'examen de son propre inconscient – sans pour autant le nier – il s'est passionné pour l'inventeur de l'inconscient collectif. Jung lui aurait ouvert les yeux sur l'amélioration de la connaissance de soi-même et des autres, afin de se protéger tout en restant d'une lucidité parfaite sur soi et sur autrui. Chacun ayant son passé, ses douleurs, ses chocs d'enfance et d'adolescence, l'intuition et les précautions à prendre avec les personnes que l'on rencontre et avec lesquelles on traite, sont essentielles. Il convient, en tout temps, de ne pas être la cible et de faire bonne figure. Et enfin de déceler, chez les autres, ce qui fait d'eux des bombes à retardement et qu'ils dissimulent, bien entendu, avec soin. Question, comme toujours, de survie.

Une des caractéristiques du personnage : il n'aime pas serrer les mains. Il dut se faire violence pendant la campagne. Obsédé par l'hygiène, il explique sans ambages : « *Trop souvent, je vois un type qui est visiblement malade, qui a un refroidissement ou une grippe, et qui s'approche en me disant : monsieur Trump, j'aimerais tellement vous serrer la main. Il est médicalement prouvé que c'est ainsi que se transmettent les microbes. Je souhaiterais que l'on fasse comme les Japonais qui ont le bon goût de se saluer de la tête, sans se toucher. Le pire, c'est quand il faut serrer des mains durant le repas. Un jour, un type est sorti des toilettes du restaurant en secouant les mains, comme si elles étaient toujours mouillées et qu'il n'avait pas utilisé de serviette. Il m'a repéré, a foncé vers ma table et a lancé : monsieur Trump, vous êtes le plus grand, tout en me tendant largement la main. Je savais que si je ne la prenais pas, il me traînerait dans la boue pendant trente ans. Je savais aussi que si je la serrais, mes mains seraient pleines de germes. J'avais le choix. Dans ce cas précis, j'ai serré sa main uniquement parce qu'à l'époque j'avais pris du poids et je savais qu'en faisant ça, je ne toucherai pas à mon assiette et que ce serait, tout compte fait, une bonne chose. »*

Et il téléphone, Donald, depuis près de cinquante ans. Il téléphone et il le raconte, en long et en large. À son banquier, pour savoir combien valent ses actions de Holiday Inn ; à un ami promoteur qui veut entrer en politique et ne sait pas comment faire ; à un animateur de radio pour sauver une adorable vieille dame de Géorgie dont la ferme était hypothéquée : ils ont lancé une souscription afin qu'elle puisse éponger sa dette. Coup de fil à son avocat pour voir où en est le procès contre un sous-traitant qui a essayé de voler Trump dans les grandes largeurs, oubliant que celui-ci connaît jusqu'au moindre détail la valeur des matériaux de construction, de la pierre à l'acier, du ciment au bois, parce qu'il n'a fait que ça, depuis l'enfance, avec son père, qui dès qu'il eut dix ans, l'emmenait après l'école sur les chantiers et lui montrait le coût de chaque élément en lui faisant rencontrer la totalité des corps de métiers qui font qu'un tas de gravats sur des fondations, se transforme au bout de quelques mois, en centaines, voire en milliers de lotissements et de maisons. De la cave au grenier, des murs aux toits, des portes aux fenêtres, des canalisations d'eau aux conduites de gaz, de l'équipement électrique aux antennes de télévision, pas une seule pièce du puzzle qui demeure étrangère au petit Donald. Le père était dur et ne laissait rien passer. Mais du coup, le fils n'ignorait rien des matériaux que telle ou telle entreprise venait lui proposer, à un prix que d'autres auraient peut-être accepté, mais que lui, automatiquement, contestait en négociant les montants comme un malade.

Sa collaboratrice lui rappelle qu'il a des billets pour le match de ce soir à l'US Open et pour demain au concert d'Elton John, et après-demain à la 400e représentation de *Cats* sur Broadway. À 15 heures, celle qui tient son emploi du temps à la minute près, lui apporte son déjeuner du jour : un verre de jus de tomate. Il ne déjeune pratiquement jamais dehors parce que pour lui, c'est une perte de temps. Puis, c'est une discussion avec l'un de ses avocats pour l'achat éventuel de deux tours à Palm Beach ; un appel à sa sœur Marianne, qui est juge à la Cour fédérale du New Jersey. Conversation avec des responsables de ses casinos à Atlantic City, puis Barron, son jeune fils, qui lui demande quand sera-t-il à la maison. À 19 heures, Trump quitte son bureau du 26e étage pour rejoindre Mélania et son fils, au 66e. C'était comme ça tous les jours que fait le Dieu des affaires, y compris, très souvent, le dimanche.

Dans ces descriptions complaisamment détaillées de son emploi du temps, en 1987 comme en 2004 ou en 2011, il ne manque jamais de citer ses amis et ses ennemis, ses intimes et ses parents, en remettant à chaque fois la personne ou le domaine en perspective. Cela lui permet de s'étendre en long et en large sur ses projets immobiliers, sur la nouvelle élection de Miss Univers, sur Woody Allen qui vient de passer un séjour à Mar-a-Lago ; sur la réception d'une équipe de télévision pour une interview. Il va jusqu'à affirmer que le temps à New York ne se compte plus en minutes, mais en secondes. Puis c'est une conférence avec l'état-major de la Trump Organization. Et, très régulièrement, il se rappelle au bon souvenir du maire, du gouverneur, de ses banquiers, de ses fournisseurs, de ses donneurs d'ordre. Très rarement, il accepte un week-end à l'étranger, soit pour aller voir son gigantesque parcours de golf en Écosse, soit pour atterrir sans crier gare en Slovénie afin de passer une soirée avec les parents de Mélania.

L'usine Trump tourne à plein gaz. De temps en temps, elle s'enraye parce que le boss a voulu aller trop vite. Mais ça repart aussitôt : l'homme, depuis toujours, à la fois génétiquement et culturellement, a, sur les endroits qu'il faut acquérir et les immeubles qu'il convient de construire, l'instinct et le flair d'un chien truffier.

Il n'avait pas encore trente ans lorsqu'il réussit un coup de maître. Acheter un hôtel totalement dégradé, le Commodore, sis sur Park Avenue et la 42e rue, et en faire quelques années plus tard, l'un des plus beaux hôtels de New York : le Grand Hyatt. Sans entrer dans le détail de l'opération, l'on peut apprécier comment le fils préféré de Fred Trump jongla avec tous les avantages que pouvaient lui procurer la ville de New York et différents départements fédéraux, pour acheter le terrain à Penn Central, obtenir un abattement fiscal de plusieurs millions de dollars ; comment, en même temps, il séduisit les banquiers pour décrocher des emprunts aux meilleures conditions possible et comment, enfin, il utilisa entre autres, les sous-traitants qu'employait son père, pour faire de sa première réalisation un succès reconnu par tous. Il entrait ainsi dans le club très privé des grands pontes de l'immobilier, dans la ville la plus chère et la plus difficile des États-Unis. Au départ, il avait mis ses pas dans les pas de son géniteur qui lui avait appris à courtiser les politiques et les fonctionnaires, afin d'obtenir des subventions de l'État et de la municipalité pour ses programmes immobiliers, du Bronx, du Queens et d'ailleurs.

Il fallait, pour les Trump, financer généreusement le candidat à la mairie ou au poste de gouverneur, ainsi que son équipe, afin que celui-ci légitime le proverbe selon lequel un bienfait n'est jamais perdu. Mais, contrairement à son père qui n'avait jamais voulu franchir la frontière sacrée, Donald Trump s'attaqua directement au cœur de Manhattan. Négociant avec quatre partenaires à la fois, prétextant qu'il avait un accord officiel alors que rien n'était signé, jouant sur tous les tableaux, démolissant ses concurrents et flattant ses interlocuteurs, mentant par omission et séduisant par nature, il réussit en toute légalité à obtenir des emprunts vertigineux, avec la possibilité, écrite au moins une fois dans un contrat, de ne pas être obligé de rembourser le prêt en cas de défection ! Grâce aux relations de son père avec divers membres de l'état-major de la ville de New York et son amitié avec le maire Abe Beame, Trump obtint, pour l'acquisition et la transformation du Commodore, un permis d'exploitation de vingt-cinq ans et un prix extrêmement bas pour l'utilisation de l'espace public. Et tout cela, en n'investissant qu'une proportion minimale de son avoir personnel. Pour la première fois, le jeune homme s'émancipait de la tutelle de son père et dirigeait une opération immobilière de tout premier plan qu'il mena à bien jusqu'à l'ouverture du Grand Hyatt. Ce fut d'ailleurs la célèbre chaîne d'hôtels qui paya la quasi-totalité de l'avance demandée, Trump obtenant le temps nécessaire pour rembourser, ce qu'il fit d'ailleurs sans barguigner.

Il ne s'arrêtera plus jamais. Il faut l'écouter raconter comment, sur la Fifth Avenue, entre les 56e et 57e rues, il acheta successivement l'emplacement du célèbre joaillier Tiffany ainsi que l'immeuble de la firme Bonwit Teller & Co pour bâtir son premier joyau : la célèbre Trump Tower. La méthode Trump, il la pratique d'emblée avec un talent consommé, en persuadant le vieux propriétaire de Tiffany, Walter Hoving, de lui vendre ses « *airs rights* ». Cette pratique, que l'on ne connaît pas en France, consiste à pouvoir acheter l'espace vide au-dessus d'un immeuble de quatre étages, sachant que les autorités pourraient donner officiellement la permission de construire jusqu'au 60e étage. Ce qui veut dire que l'on acquiert un volume et des mètres carrés d'air équivalents à 56 étages. Hoving était plus que réticent. Trump qui avait déjà mis la main sur Bonwit Teller & Co, avait absolument besoin de l'accord du propriétaire de Tiffany pour faire le gratte-ciel de ses rêves. Il demanda donc à son architecte, Der Scutt, de dessiner les plans d'un immeuble écrasant de mocheté et de mauvais goût, qu'il présenta à Hoving, en lui disant qu'il était obligé, eu égard à l'espace, de bâtir une mocheté immobilière, mais qu'il était prêt à changer son fusil d'épaule et à faire quelque chose de sublime si l'octogénaire lui vendait le droit de construction sur l'espace demandé. Art de la transaction : montrer le pire tout en laissant entrevoir la possibilité du meilleur. Marché conclu. À ceux qui l'accusent en permanence de misogynie chronique, Trump répond que dès les années 1980, il avait engagé une femme de 31 ans, Barbara Res, comme responsable de la construction de la Trump Tower. Elle avait déjà supervisé les travaux au Commodore, devenu Grand Hyatt.

C'est de cette époque que date, comme il le raconte avec une certaine jouissance, son émancipation d'avec son père. Convié sur le chantier déjà avancé sur la Fifth Avenue, Fred Trump regarda avec fierté l'œuvre de son fils, mais ne put s'empêcher de lui dire : « *Qu'est-ce que tu as besoin de faire une tour entièrement en verre ? Les gens vont regarder à leur niveau et vont lever les yeux jusqu'au 10e étage. Après, tu n'as qu'à bâtir en briques, ça te coûtera nettement moins cher !* » Et Donald de se dire que décidément, son père et lui ne boxaient plus dans la même catégorie.

Le succès n'alla pas sans attaques, dont certaines étaient légitimes : dans sa hâte de construire vite et bien afin que les nantis de la planète viennent élire domicile dans son antre de verre et d'or, Trump avait laissé détruire, sur la façade de l'ancien immeuble, des frises Art Déco qui, sans être des chefs-d'œuvre de l'art moderne, auraient bien trouvé leur place au Metropolitan Museum of Art, d'après certains experts. Il lui fut beaucoup reproché de ne tenir aucun compte du patrimoine architectural new-yorkais en jetant le bébé art nouveau avec l'eau du bain légèrement saumâtre. Réflexion faite, le promoteur regretta sa précipitation mais en conclut que, comme d'habitude, ce qui comptait, c'était beaucoup moins la publicité négative ou positive, que le fait même qu'on en parle.

Trump n'allait plus s'arrêter. Il allait mettre son nom partout. Sur Central Park South, où il eut beaucoup de peine à se défaire de locataires qui payaient un loyer très modeste pour l'emplacement. Il alla jusqu'à menacer de faire occuper les appartements déjà vides par des SDF qui auraient sûrement préféré être là que sur un banc de Central Park. S'il n'eut pas, en fin de compte, à en venir à cette extrémité, force est d'avouer que parfois, pour lui, la fin justifie les moyens. Au Colombus Circle, sur Park Avenue, il construisit des dizaines d'autres hôtels et appartements qui ne sont accessibles qu'aux personnes vivant très largement des seuls intérêts de leur capital. À chaque projet, il sut trouver les personnes pour l'accompagner, le financer, lui délivrer les autorisations nécessaires et les crédits indispensables, les partenaires *ad hoc* et les avocats les plus habiles à rédiger les meilleurs contrats et à trouver la faille qui rend nulle et non avenue, l'éventuelle contre-attaque du camp adverse.

Telle est la méthode Trump. Ne jamais dire à l'avance ce que l'on va faire afin de ménager l'effet de surprise. C'est ainsi qu'il acquit sur le fleuve Hudson, un extraordinaire espace de 400 000 mètres carrés auquel personne n'avait songé, espace qui allait de la 59e à la 72e rue et qui est devenu l'un des lieux de résidence les plus prisés de Manhattan, baptisé évidemment Trump Place.

Pour bien mesurer la capacité de notre aventurier à créer des mises en scène adéquates, Trump raconte comment le P.-D.G. de la chaîne Holiday Inn, Michael Rose avait, en 1982, manifesté son intérêt de s'associer à lui, pour un casino que le milliardaire construisait à Atlantic City. La Trump Organization allait bâtir l'hôtel ; Holiday Inn allait le gérer ; ils partageraient les bénéfices à 50/50. Michael Rose était prêt à mettre 50 millions de dollars à la construction et à lui avancer immédiatement 22 millions pour les dépenses qu'il avait déjà faites. En plus, il lui garantissait le remboursement total des pertes pendant une période de cinq ans après l'ouverture du casino. Dernier point : le P.-D.G.

de Holiday Inn proposait de réunir son conseil d'administration à Atlantic City et de voir ainsi le chantier qui, selon Trump, était très avancé. En fait, rien n'était fait. Trump appela le responsable des travaux et lui demanda d'amener tous les camions et bulldozers qu'il pouvait trouver et qu'il commence à creuser partout, même en faisant n'importe quoi, de façon à ce que la zone apparaisse comme le lieu des plus grands travaux de construction jamais vus. Ce qu'il fallait faire, c'était tout simplement ramasser de la terre d'un côté et aller la rejeter de l'autre. Beaucoup de bruits pour rien. Les directeurs de l'Holiday Inn n'en croyaient pas leurs yeux. L'on se serait dit sur le chantier du grand barrage d'Assouan. L'un d'eux se retourna vers Trump et soupira : « *C'est formidable, vous êtes votre propre maître d'œuvre et vous pouvez aller aussi vite que vous le voulez.* » L'image, encore l'image, toujours l'image.

Mais la réalisation dont Trump est peut-être le plus fier, même si elle se situe à un niveau nettement moins important que ses gratte-ciel, est la rénovation de la patinoire Wollman de Central Park. Celle-ci, fréquentée par des dizaines de milliers d'amateurs, avait été construite en 1950 et avait fermé pour rénovation en 1980. Les travaux dépendaient de la Ville de New York, propriétaire du lieu. En 1986, rien n'avait été fait et des millions de dollars avaient été dépensés. Trump ne connaissait rien à la construction de patinoires, mais se dit que s'il avait réussi à construire un gratte-ciel de 68 étages en deux ans et demi, il devait être possible de rénover une patinoire en quelques mois. En mai 1986, il écrivit donc au maire de New York, Ed Koch, en lui proposant de restaurer à ses frais une nouvelle patinoire et de garantir sa réouverture en novembre prochain. Pour ce faire, il demandait à la ville de lui louer le lieu au prix du marché et il en assurerait la gestion. La réponse du maire fut aussi immédiate que condescendante : il n'était pas question que la Ville donne à Trump les droits de gérer la patinoire, mais elle serait ravie de recevoir de sa part un don de 3 millions de dollars afin de recommencer les travaux de reconstruction, et la lettre finissait par un ironique : « *J'attends votre réponse le cœur battant.* »

Ed Koch commit l'erreur de publier sa lettre, pensant que les New-Yorkais allaient se ranger de son côté, face au capitaliste. Ce fut le contraire. Pour une fois, les médias prirent tous le parti de Trump en disant qu'il était imbécile de la part du maire de refuser l'offre de quelqu'un qui, quel que soit ce que l'on en pense, a prouvé son savoir-faire en matière de construction. Pour le moment, les contribuables, par la faute de leur mairie, avaient déjà dépensé 12 millions de dollars pour rien. La farce de la patinoire avait assez duré.

Cela inspira une réflexion à Trump dont il fit part dans son livre de 1987[10] : « *Si j'ai appris quelque chose dans mes contacts avec les politiciens, c'est que la seule force qui les fait réagir est la presse ou plus spécifiquement, la peur de la presse. Vous pouvez exercer toutes sortes de pressions, vous plaindre ou menacer autant que vous le voulez, donner de grosses sommes d'argent pour leurs campagnes électorales, cela ne sert à rien. Mais, l'éventualité d'un mauvais article, même dans une publication confidentielle, les fera s'agiter immédiatement. Car, de mauvais médias risquent d'amener des votes négatifs. Or de quoi a le plus peur un politique ? De ne pas être réélu.* »

Du coup, la réaction hostile de la presse amena la municipalité à assiéger Trump pour lui demander de s'occuper de la patinoire. Il fit une nouvelle proposition : il financerait entièrement la construction du Wollman Rink et, en retour, serait remboursé sur les bénéfices que ferait la patinoire, en autant d'années qu'il le faudrait. La Ville ne voulut pas de cela et avança simplement que lorsque les travaux seraient finis, elle restituerait à Trump l'intégralité de sa somme. En fait, ce que le promoteur immobilier leur proposait était beaucoup plus avantageux pour la Ville, mais les bureaucrates ont leurs raisons que la raison ignore.

---

10. *The Art of the Deal,* 1987.

Trump savait qu'il lui fallait tenir ses engagements en termes de calendrier ou Ed Koch ne le raterait pas. Il choisit son constructeur au Canada, où le patin à glace est une spécialité nationale. Il sélectionna les meilleurs matériaux et, après moult aventures et l'aide de la Chase Manhattan Bank qui prêta sans intérêt l'argent de la construction, l'on put passer à l'action. C'est là que Trump comprit que pendant des années, sur ce projet, nul n'avait été tenu pour responsable, que les fonctionnaires se renvoyaient la balle et que lui, devant pareille situation, les aurait tous virés. Sur le fond, c'était, pour lui, l'éclatant contraste entre l'incompétence gouvernementale et l'efficacité de l'entreprise privée.

La Ville de New York aurait pu faire le travail aussi efficacement que Trump. Au lieu de fonctionner par adjudication et de prendre l'entreprise la moins coûteuse, même si elle est médiocre, il ne fallait retenir que les bons – même s'ils sont plus chers – et continuer à les faire travailler. Morale de l'histoire : la plus grande patinoire de Central Park n'a plus connu de fermeture depuis trente ans. Dans les années 1970, elle faisait 100 000 dollars de chiffre d'affaires par an. Dix ans plus tard, les revenus se montaient à 1,2 million de dollars pour la première saison et surtout, plus de 500 000 patineurs s'y ébattent gaiement tous les ans. De la fenêtre de son bureau, Donald Trump les regarde et ça lui donne des raisons supplémentaires de s'aimer.

CHAPITRE VII

L'enfance d'un chef

« Mon père ne m'a respecté que parce que je savais lui tenir tête et que je ne laissais jamais quelqu'un m'attaquer ans riposter au centuple. »

La saga Trump commence en 1885, lorsque son grand-père Friedrich débarque sur la terre promise américaine, après un long voyage qui l'a mené de Brême, sa ville natale, à New York, le saint Graal de toutes les immigrations européennes, *via* Southampton. Il était apprenti coiffeur mais ne le restera pas longtemps. Comme des dizaines de milliers d'autres, il part vers l'Ouest où tout était encore à faire et commence – ça ne s'invente pas – à acheter des terrains dans le Pacific Northwest. La ruée vers l'or avait encore un sens et grand-papa parcourt le Yukon, ouvre un restaurant avec hôtesses montantes, tour à tour chercheur d'or, tenancier de bordel, commerçant, magouilleur : en un mot, survivant, comme tout le monde à l'époque. Devenu citoyen américain et ayant amassé un pécule non négligeable, il décide, en 1901, de retourner en Allemagne pour trouver l'épouse idéale. Il rentre à New York quatre ans plus tard avec Elisabeth Christ, déjà enceinte de Fred. Friedrich investit dans le Queens et la famille commence à mener une vie plus que plaisante, mais, en 1918, il meurt officiellement de la grippe espagnole qui ravageait la région, et officieusement d'une trop abondante consommation d'alcools en tout genre.

Fred devient l'homme de la famille à 13 ans : pas le temps pour lui d'aller à l'école. Il suit des cours du soir et, dans la journée, exerce tous les métiers accessibles. Mais très vite, ce qui l'intéresse vraiment, c'est la construction. Il apprend à transporter du bois, à couler du ciment, à poser l'électricité, et devient petit à petit un professionnel de la profession. Avec sa mère, il crée la société Elisabeth Trump et Fils, et se spécialise dans la construction de maisons et d'immeubles de six étages à Brooklyn et dans le Queens. Pas question, pour eux, de s'aventurer à Manhattan : trop cher, trop concurrentiel, trop risqué.

En revanche, le frère de Fred, John Trump, poursuit des études scientifiques, entre au très célèbre Massachusetts Institute of Technology (MIT) et deviendra par la suite, l'un des grands spécialistes du nucléaire, inventeur d'un appareil désormais consacré, permettant d'enrayer la prolifération des cellules cancérigènes à coups de radiations. Donald est très fier de son oncle et de sa notoriété mondiale qui lui permet de donner une preuve supplémentaire, du fait que les Trump sont les meilleurs en tout.

L'entreprise marche comme sur des roulettes et fait de réels bénéfices, mais en 1929, c'est le krach et bientôt débute la grande dépression des années 1930. Le roseau Trump plie mais ne rompt pas. La famille survit en faisant contre mauvaise fortune bonne adaptation, et surtout, en ne perdant jamais de vue son corps de métier. Dès la reprise, en 1940, Fred Trump s'impose comme l'un des grands constructeurs de Brooklyn. Il sait faire avec les élus et les fonctionnaires. Il a appris par cœur toutes les réglementations, toutes les lois, toutes les failles qui permettent avantages et passe-droit, cadeaux fiscaux et subventions à tous les étages. La mafia, qui a perdu avec la fin de la Prohibition son juteux monopole du trafic d'alcool et spiritueux, se recycle notamment dans l'immobilier. Papa Trump, nécessité oblige, fera un bout de chemin avec les affranchis dans la collecte et la répartition des briques et du ciment, du bois et du fer, mais cela ne durera que l'espace d'un rétablissement.

Dans les années 1950, la famille Trump devient l'une des plus aisées du comté de Queens. Elle habite une très belle résidence construite par le chef de famille à Jamaïca Estates. On ne lésine pas non plus sur les moyens de transport : une Cadillac pour le père, une Rolls Royce pour la mère. En effet, en 1936, Fred Trump a épousé Mary Ann

McLeod, jeune immigrée venue d'Écosse où elle est née en 1912. Ils ont cinq enfants : Maryanne, née en 1937 ; Fred junior, en 1938 ; Elisabeth en 1942, Donald en 1946 et Robert en 1948. Les enfants ne manquent de rien. Ils fréquentent tous des écoles privées, passent leurs vacances d'hiver en Floride, et d'été dans les montagnes Catskill.

Donald le raconte dans tous ses livres : son père a été l'alpha et l'oméga, le guide, le modèle, mais qu'il était indispensable de dépasser un jour, et le plus tôt possible. Ici, les psychanalystes pourraient s'en donner à cœur joie. Notre héros, quant à lui, déteste l'introspection parce que, a-t-il avoué un jour, il n'aimerait pas trouver des choses qui ne lui plairaient pas. La figure paternelle est taillée dans le granit : Fred travaille comme un fou, tous les jours que Dieu fait. Très attentif à la dépense, très soucieux de contrôler les coûts et de ne jamais s'engager dans une grosse construction sans qu'il ne connaisse, au centime près, ce que valent les matériaux et combien il faut payer les fournisseurs, les ouvriers et les contremaîtres. Il était impitoyable avec ses enfants tout en leur disant : « Soyez des tueurs ». Si Donald devint son fils préféré et bientôt son héritier, c'est que, dès l'enfance, il lui tenait tête. Alors que Fred Jr et Robert allaient se cacher, sidérés par les engueulades du père, Donald ne se laissait pas faire et rendait coup pour coup. Cela lui permet d'affirmer dans ses biographies, que son père finissait par lui dire : « Tu es un roi ».

L'enfant roi sévit à la Kew-Forest School que fréquentent les gosses de riches du Queens. Les témoignages de ses petits camarades en disent long sur la violence rentrée du futur milliardaire. Il met un œil au beurre noir à un prof qui conteste ses connaissances musicales, il défie aussi bien le corps enseignant que ses camarades en testant jusqu'où il peut aller, en essayant toujours, manipulateur et tchatcheur né, de n'en faire qu'à sa tête. Son père, furieux des plaintes rapportées par le directeur, lui flanquait des taloches, mais il n'en avait cure. Chaque fois qu'un journaliste l'interroge sur cette période, il affirme qu'il était déjà ce qu'il est aujourd'hui et que dans le fond, il n'a pas changé d'un iota.

Ne jamais oublier que quand Trump a 10 ans, c'est l'explosion de Bill Haley et de son tube *Rock Around the Clock*, Elvis Presley et *Blue Suede Shoes* ; le rock'n'roll ringardise toutes les musiques qui l'ont précédé et les rebelles sans cause, à la James Dean ou Marlon Brando, terrorisent l'Amérique moyenne en écumant les faubourgs en Harley Davidson. Fred Trump apprend que son fils, à 13 ans, a pris le métro avec des copains pour Manhattan afin de s'acheter des couteaux et concocter, à leur niveau, une petite guéguerre des gangs comme dans *West Side Story*. Le père se dit qu'il est temps de mettre le holà, et place son fils en pension, mais pas n'importe laquelle : à la New York Military Academy (NYMA).

Il peut paraître étonnant qu'une famille aisée et aimante enferme ainsi l'un de ses fils dans une prison, même dorée. À la NYMA, on ne badine pas avec la discipline. Les élèves sont tous en uniforme. Horaires stricts ; silence dans les rangs ; on se lève devant les profs ; on respecte le règlement ; on a le droit de ne voir parents et amis qu'une fois par semaine, et si l'on fait l'imbécile, la correction n'est jamais loin. Le petit Donald y rencontre celui qui jouera un grand rôle dans sa formation : Théodore Dobias, un ancien Marine's qui participa au débarquement américain en Sicile durant la Seconde Guerre mondiale, et qui racontait à ses ouailles, dans les détails les plus crus, les horreurs de la guerre et le spectacle de Mussolini pendu par les pieds. Mais plus que tout, il enseigna à Trump que gagner n'était pas un des buts de la vie, mais l'unique. Que ce soit en baseball ou en football, dans les études ou dans les tournois avec ses camarades, il fallait vaincre, vaincre et encore vaincre. Dobias l'a souvent raconté aux journalistes qui l'interrogeaient à propos de Trump : « *Il devait être le premier en tout. Il était prêt à n'importe quoi pour ça et faisait ce qu'il fallait pour que les gens le sachent.* »

Entre son père et Dobias, les locataires du Bronx et les pensionnaires de l'Académie, Donald ne cesse de répéter que, loin de papa-maman, il a appris à canaliser son agressivité, mais aussi que la vie est un combat dont il faut absolument sortir gagnant. Une fois de plus, Norman Vincent Peale, lecture favorite de son père, avec les ouvrages de Dale Carnegie, auteur du best-seller mondial paru en 1936 *Comment se faire des amis et réussir dans la vie*[11], inspiraient le parcours de Donald. Penser positif. Se dire constamment que je suis le meilleur. Antienne obsessionnelle inculquée très tôt à un enfant du XXe siècle, pour qui, le goût de ne rien faire et l'éloge de la paresse ne pouvaient qu'apparaître comme incongruités monumentales.

Quant à sa dilection désormais célèbre pour le faire savoir, il raconte encore avec plaisir comment, à 15 ans, un article dans le journal local parlait de la victoire de la NYMA dans un match de baseball où mention était faite des exploits du jeune Donald Trump. Première coupure de presse à lui consacrer qu'allaient suivre, vingt années plus tard, des milliers d'autres. Il rejoint ensuite l'université de Fordham dans le Bronx où il continue ses études de droit et d'économie. Originalité de Donald, assez rare en cette époque où règnent les Beatles et les Rolling Stones, les hippies de San Francisco et les junkies de New York : il ne boit pas, ne

11. Livre de poche.

fume pas et ne se drogue pas. Rien. Nada. Même pas le plus petit joint. La seule addiction qu'il se reconnaît et qu'il pratiquera à grande échelle, ce sont les jeunes femmes, dont il avoue qu'il ne peut se passer, surtout quand elles sont belles, élancées, sexy, et de préférence mannequins.

Fini l'isolement du pensionnat. Tous les week-ends, il rejoint la maison familiale de Jamaïca Estates et ne quitte pas son père quand celui-ci va collecter les loyers de ses nombreux locataires, ou surveiller la bonne marche des dizaines de chantiers qu'il finance. Dès six heures du matin, Fred Trump est sur les lieux et n'arrête pas de galvaniser les ouvriers. S'il voit l'un d'eux ne pas faire le job comme il le désire, il ne tarde pas une seconde à prendre sa place et à lui montrer la bonne manière d'exercer. C'était l'une des forces de Fred Trump : connaître par le menu tous les métiers de la construction. À lui, on ne pouvait pas raconter des histoires. Une leçon que Donald retiendra.

Concernant les loyers, Trump fut étonné quand, la première fois qu'il suivit son père pour la collecte, il le vit sonner à une porte et se mettre tout aussitôt de côté.

– Mais pourquoi tu fais ça, papa ? Qu'est-ce que tu as à te plaquer contre le mur ?

– Tu apprendras que c'est indispensable. Il y a des mecs qui n'ont aucune envie, et encore moins les moyens de payer ce qu'ils me doivent. Ils sont capables d'ouvrir la porte et de me lancer un baquet d'eau chaude, un coup de poing ou même, sait-on jamais, une balle dans la tête. C'est arrivé à des gens que je connais. Alors, mon fils, fais toujours attention.

De son père, il apprit aussi qu'il fallait toujours se présenter chez les clients comme chez les employés, chez les locataires comme sur un chantier, en costume-cravate. Pas de laisser-aller.

À 22 ans, il intègre la Wharton School of Finance and Commerce, avec spécialisation dans l'économie immobilière. Trump ne manque jamais d'évoquer cette faculté qu'il compare avantageusement, à tort ou à raison, à la Harvard Business School. Il insiste sur le fait que dans le domaine qui l'intéresse et dans bien d'autres, c'est la meilleure école du monde et qu'il en est sorti parmi les premiers. Toujours être le premier, faire partie de la crème. Sa fille Ivanka, notamment, prendra elle aussi le chemin de Wharton.

Nous sommes en 1968 quand l'étudiant Trump y fait ses classes. L'année des manifestations contre la guerre du Viêtnam, du Flower Power, de Woodstock, des révoltes étudiantes, des affrontements de Chicago, des assassinats de Bob Kennedy et de Martin Luther King, des Black Panthers et du *Black is beautiful.* L'Amérique et le monde sont en pleine ébullition, mais celle-ci n'atteint pas le jeune Trump qui pense plus à la construction qu'à la contestation, aux parpaings qu'aux pavés, au baseball qu'aux gilets pare-balles. Comme 60 % des jeunes américains de sa génération, il ne fera pas son service militaire. À l'époque, c'était le tirage au sort qui désignait les jeunes américains qui devaient rejoindre les rangs de l'armée.

Ce sera le grand paradoxe de ce drôle de Crésus. Il fera carrière et fortune en multipliant les coups de bluff et les coups d'audace, passant de la banqueroute à l'opulence, devenant en quelques décennies l'un des plus grands propriétaires immobiliers du monde, utilisant à fond les vices et les vertus du système pour conquérir et gagner ; mais, dès qu'il entre véritablement en politique, dans l'intention de tenir les rênes de la plus grande puissance du monde, le voici outsider, marginal, vomi par les états-majors républicains, la plupart des milliardaires du pays ainsi que, évidemment, les sympathisants démocrates, adoré par des millions d'Américains qui ne savent plus à quel rêve se vouer. Hegel disait que les consciences malheureuses s'empêtrent dans leurs contradictions. Trump ne semble connaître ni le doute ni la remise en question, encore moins tout remord ou regret, même si çà et là il modifie ses points de vue, tempère ses ardeurs, nuance ses excès : négociation, encore une fois, oblige. Chirac disait : « Je vous étonnerai par ma démagogie ». Trump risque d'étonner par son pragmatisme.

Un épisode dramatique de la vie familiale des Trump a joué un grand rôle dans la vie de Donald : la mort prématurée de son frère aîné Fred Jr. Le père, au départ, avait jeté son dévolu sur celui-ci pour l'épauler, puis lui succéder dans ses affaires. Il grondait Fred Jr autant qu'il le faisait pour Donald et Robert. Mais son aîné supportait très mal cette tension et allait se réfugier dans un coin, silencieux et malheureux. Fred senior comprit vite qu'il s'était trompé de personne et plaça tous ses espoirs dans Donald qui ne demandait pas mieux que de suivre le sentier des bâtisseurs. Quant à Fred Jr, il devint pilote de ligne. Témoignage de la haute estime – ou de l'aveuglement – que portait Donald à ce métier. Il déclara un jour à son frère : « *Qu'est-ce que c'est que ce job à la con que tu fais ? Quelle différence, franchement, entre piloter un avion et conduire un bus ?* » Fred Jr eut par la suite des problèmes conjugaux et se mit à boire et à fumer sans arrêt. Il était écrasé par l'exigence de ses parents, ne voulant pas entrer dans la machine aussi infernale que manichéenne des gagnants et des perdants. Il mourut d'une crise cardiaque à 42 ans. Donald s'en voulut beaucoup de n'avoir pas compris l'isolement et la tristesse de son frère. Mais sa résolution en devint d'autant plus forte : il ne céderait jamais à rien ni à personne, quel qu'en soit le prix.

CHAPITRE VIII

Le bal du débutant

« Oui, j'en ai envie et je sais que je ferai
un meilleur job que tous ces politiciens de carrière
qui n'ont jamais créé un emploi. »

« *Dans ma vie, j'ai découvert que je suis très bon dans au moins deux domaines : surmonter les obstacles et motiver les meilleurs des êtres afin qu'ils se surpassent. Je sais que l'un de mes défis consistera un jour à utiliser mes talents avec autant de succès au service des autres que je l'ai fait jusqu'ici pour ma propre carrière.* »

Ces lignes écrites par Trump, en toute fin de son best-seller *The Art of the Deal*, datent de 1987. Il y a trente ans, il y pensait déjà, tout en ajoutant, histoire de ne pas inquiéter ses banquiers : « *Ne vous méprenez pas, j'ai bien l'intention de continuer à faire des projets, de très grands projets, tout le temps.* »

Il n'empêche ; c'est cette même année déjà, auréolé de ses succès, qu'il rencontre Roger Stone. Celui-ci n'est pas un inconnu des coulisses de la politique. Il avait travaillé au sein de l'équipe de Richard Nixon pour la campagne présidentielle de 1972 et jouissait d'une autorité sulfureuse dans le petit monde de la politique et des affaires, en étant l'ami de toujours de Roy Cohn, cet avocat qui s'était battu avec Joe McCarthy, au plus fort de l'hystérie anti-communiste des années 1950, où un FBI et une justice paranoïaques mirent sur liste noire des centaines d'intellectuels, de cinéastes et d'universitaires américains soupçonnés d'avoir des accointances avec les monstres de Moscou. Nous étions au plus fort de la guerre froide et du rideau de fer : toute personne inclinant légèrement vers la gauche était automatiquement soupçonnée de trahison. Ils furent ainsi très nombreux, dans cette période glauque, à perdre leur emploi, voire pour certains leur vie. Cohn était un personnage hors norme. Homosexuel, il affichait pourtant publiquement son mépris et sa haine envers les gays ; juif, il ne manquait jamais de professer des opinions antisémites. Il avait également la fâcheuse habitude, précédant en cela notre Patrick Buisson national, d'enregistrer tous ses interlocuteurs afin, le cas échéant, de faire pression sur eux pour des motifs aussi divers que variés. Mais c'était un avocat hors pair. Trump, qui ne partageait aucune des idées de Cohn, aimait bien quand même les personnages borderline et surtout appréciait l'efficacité du professionnel. Ainsi, Cohn défendit Trump et son père quand ceux-ci furent accusés de discrimination parce qu'ils ne louaient pas assez d'appartements à des personnes en difficulté ou à des minorités ethniques, comme la loi les obligeait à le faire. Évidemment, pour Fred et Donald, il s'agissait d'abord de choisir une clientèle plutôt aisée afin d'encaisser le maximum, en bons hommes d'affaires qu'ils étaient.

Cohn présenta Roger Stone à Donald. Stone lui proposa de se présenter aux élections de l'État de New York, contre le gouverneur Mario Cuomo. Trump n'avait, à l'époque, aucune envie d'entrer en politique, mais s'intéressa à la proposition de son interlocuteur, qui consistait à rédiger une profession de foi, susceptible de paraître en encart publicitaire payant dans divers journaux. Cela attirerait encore plus l'attention sur lui et permettrait de mieux vendre encore son livre et son image. Trump dépensa plus de 90 000 dollars pour une pleine page de publicité dans le *New York Times*, le *Boston Globe* et le *Washington Post.* Il est étonnant aujourd'hui de relire ce texte publié en septembre 1987 et adressé « *au peuple américain* ». Il y affirmait déjà que « *les États-Unis devraient arrêter de payer pour la défense de pays qui ont parfaitement les moyens de le faire eux-mêmes... Le Japon, l'Arabie Saoudite et d'autres doivent participer à la protection que nous leur fournissons, comme alliés. Consacrons plutôt notre argent à nos fermiers, à nos malades, à nos SDF... Ne laissons pas notre grand pays être traité avec condescendance.* » Aux journalistes qui lui demandèrent pourquoi il avait publié ce texte à ses frais, il répondit : « *J'en ai marre de voir les États-Unis se faire tondre en permanence par d'autres pays.* »

Exactement les mêmes arguments qu'il assène aujourd'hui dans ses meetings et ses débats…

À la suite de cette publication, il fut invité par un notable du New Hampshire, un mois plus tard, à venir parler au Rotary Club de Hampton. Là, devant des centaines de participants et quelques journalistes, il aborda les mêmes thèmes en soulignant que les dirigeants américains ne négociaient pas assez durement avec leurs alliés ou avec leurs partenaires. « *Les Japonais se foutent de notre gueule. En notre présence, ils allongent des mines sérieuses, mais dès qu'on a tourné le dos, je suis sûr qu'ils doivent éclater de rire. Il faut un type carré, un mec qui en a, à la Maison Blanche, parce que dans le monde, nos adversaires sont légion et sont résolus. Vous croyez que Gorbatchev est dur ? Pensez à l'ayatollah Khomeiny. Ce fils de pute, on n'en a jamais vu comme ça. À côté de lui, Gorbatchev est un bébé dans son landau. Et pourtant, Gorbatchev, ce n'est pas rien.* » Et d'ajouter, se voulant prophétique : « *Si on n'élit pas la bonne personne, vous allez connaître, dans les quatre prochaines années, une catastrophe comme on n'en a jamais vu et vous serez en train de prier pour l'arrivée d'un vrai chef.* » Il fut applaudi par une foule enthousiaste. Selon le *New York Times* en date du 23 octobre 1987, une femme déclara à son correspondant que Trump avait un charisme « aphrodisiaque ». Ce qui fait aussitôt penser à la célèbre réponse de Henry Kissinger, quand on lui demandait comment il arrivait à être entouré de jolies femmes, alors que son physique n'évoquait pourtant pas celui d'Apollon : « *Le pouvoir est le plus puissant des aphrodisiaques.* »

Répétons-le. À l'époque, Trump pensait beaucoup moins à la politique qu'à sa publicité. Mais une petite graine avait été semée. En 1991, il fut appelé à témoigner devant une commission du Congrès, en tant que personnalité de la société civile. Il y fit sensation en déclarant que les impôts devraient être plus élevés pour les riches. Selon lui, Ronald Reagan, en les réduisant à 31 % du revenu, avait eu tort. Il fallait élever ceux-là à 50 %. Inutile de souligner que venant d'un millionnaire, même en pleine difficulté en raison de la banqueroute de ses casinos d'Atlantic City, pareils propos avaient de quoi surprendre.

Deuxième coup d'essai, celui-là plus poussé, en 1999. À la veille des présidentielles de l'an 2000, il décida sans s'engager directement, d'explorer les possibilités d'une candidature. Sachant qu'il n'avait aucune chance chez les républicains, le parti dont il était déjà membre, il lança une opération séduction auprès du Reform Party créé par le businessman Ross Perot, qui s'était présenté aux élections de 1992, puis de 1996, et connut les deux fois un échec retentissant. Mais en tant que formation politique, le Reform Party avait droit, pour les prochaines élections, à 12 millions de dollars de subventions fédérales. Ce qui permettait aux politologues et aux sondeurs, aux employés et à quelques militants, de vivre pas trop mal pendant quelque temps, sans aucun espoir, évidemment de changer la donne[12].

Trump rejoint donc le parti de la Réforme à l'automne 1999, et déclare qu'il envisage de faire campagne pour représenter celui-ci à la prochaine élection. Vers qui se tourne-t-il pour être son conseiller et directeur éventuel de campagne ? Roger Stone, le même qui, douze ans plus tôt, l'avait persuadé de publier la lettre ouverte que l'on sait. La méthode Stone était simple et il l'expliquait ainsi aux journalistes : « *Attaquer, attaquer, attaquer ; ne jamais être sur la défensive ; ne rien admettre, nier tout, lancer une contre-attaque.* » Sa thèse : persuader les électeurs que le GOP (Grand Old Party), considéré comme la formation des possédants et de la bourgeoisie aisée, était en fait profondément anti-élitiste et défendait les intérêts des ouvriers et des petits commerçants. La stratégie : attaquer l'*establishment* intellectuel en particulier et les aigris en général, qui ne supportent pas la réussite de l'économie de marché. Se référant à Max Weber et à son livre *L'Éthique protestante et l'Esprit du capitalisme*[13], il claironnait que richesse signifie

12. Cette séquence est racontée en détails dans *Never Enough, op. cit.*

13. Paru en 1905.

vertu et que quiconque défendait le monde des affaires et se montrait entrepreneur à succès, était digne d'être aidé et de remporter les suffrages de tous. Ce programme que certains universitaires définissaient comme le triomphe du marketing populiste, fonctionnait sur trois branches : la culture pop qui imprégnait les médias, le patriotisme-roi et un appui sincère aux « *winners* ». Ce que formulera plus tard le milliardaire Warren Buffett, propriétaire des magasins Walmart : « *La lutte des classes a eu lieu : les riches ont gagné* ». Dans le langage de Roger Stone et de ses amis, les problèmes du pays étaient dus à un gouvernement aveugle, à une classe politique vivant dans sa bulle washingtonienne et éloignée des réalités, à une intelligentsia gauchiste et protégée, ne vivant que dans le déni, la mauvaise conscience et le masochisme de la repentance.

On le sait désormais, cette façon de penser influence, depuis des années, des millions d'Américains, surtout et y compris ceux qui sont en difficulté et ne se reconnaissent plus dans les formations traditionnelles. D'où le succès, il y a quelques années, du Tea Party, et, dans toute l'Europe, des mouvements populistes et nationalistes dont il n'est pas exagéré d'affirmer qu'ils ont, pour les raisons que l'on sait, de plus en plus le vent en poupe : trahison des élites, égoïsme aveugle des élites mondialisées, traitements de faveur envers les primo-arrivants et les minorités ethniques par rapport aux habitants du pays, extinction de la classe moyenne, fiscalité injuste, identité en miettes, pouvoirs faibles et corrompus : on voit que de ce point de vue, l'Amérique et l'Europe se sont rapprochées dans l'inventaire des problématiques qui font mal. Et désordre.

Cela, Trump le comprit d'emblée, avec son instinct de sismographe. Son positionnement politique devait être celui de ce peuple, quitte à en épouser par moments, les préjugés ou les partis pris. Ainsi, il savait ce qu'il disait quand il affirma en 1989 « *Si je cherchais un premier emploi aujourd'hui, je serais heureux d'être un Noir hautement diplômé parce qu'il bénéficie d'un véritable avantage.* » En ces temps de discrimination positive, il va à rebrousse-poil parce qu'il sait que cela touche profondément des milliers de gens qui, à références égales, se voient refuser un job parce qu'ils n'appartiennent pas à une minorité. Ici, Trump est beaucoup moins raciste qu'opportuniste : il gratte l'Amérique moyenne et traditionnelle là où ça la démange.

Dès qu'il commença à exprimer ses opinions dans le cadre de sa campagne au sein du Reform Party, il s'attira l'ire immédiate des cadres et des têtes pensantes de la formation, exactement de la même façon qu'il a suscité, depuis 2015, l'hostilité furieuse d'une bonne partie des caciques du parti républicain. En 1999, il affirmait que ceux-ci étaient allés trop loin dans le sens de l'extrême droite et que lui, Donald, était l'un des rares capables de toucher l'Amérique moyenne au-delà des extrémistes un peu foutraques qui ne constituaient qu'une étroite minorité de l'électorat. Il pensa à l'animatrice vedette Oprah Winfrey comme partenaire pour la vice-présidence. Il descendit en flamme l'un de ses rivaux, le démagogue Pat Buchanan, en disant que c'était un amoureux d'Hitler, un antisémite, qui n'aime ni les Noirs ni les gays. Quant à Fidel Castro, c'était un assassin qui devait être traité comme tel. Quand on évoquait devant lui des candidats qui étaient fiers de leurs origines modestes, il rétorquait : « *Ce sont des perdants. Qui diable voudrait d'un type comme ça pour la présidence ?* » Droite décomplexée quand tu nous tiens...

Il réitéra ce qu'il avait déclaré à la Commission parlementaire : pour réduire le déficit du pays, il fallait créer un grand impôt sur les riches, une assurance santé universelle, payée par l'employeur, avec subventions et allocations pour les plus pauvres. Par ailleurs, il convenait de permettre aux homosexuels de pouvoir rejoindre l'armée s'ils étaient volontaires. Mais en fait, déjà, les médias s'intéressaient beaucoup plus à l'homme qu'à son programme. Roger Stone se répandait partout en disant que la Trump Organization, de par son activité même, possédait 6,5 millions d'adresses et de numéros de téléphone, ce qui en faisait une base électorale non négligeable. Il affirmait aussi que selon certains sondages, Trump arrivait juste derrière George W. Bush dans les faveurs des républicains.

Trump y a-t-il cru ou n'était-ce qu'un show supplémentaire dans la vie de ce doué sociétaire du spectacle ? Nul ne le sait, mais il utilisa déjà, à l'époque – c'est-à-dire il y a plus de quinze ans – deux arguments qu'il ne manquera pas de rappeler aujourd'hui. À savoir qu'il était plus que célèbre et que, étant très riche, il n'avait pas besoin de généreux donateurs et encore moins de lobbys pour financer sa campagne. En 2000, le magazine *Forbes* estimait la fortune de Trump à 1,7 milliard de dollars, alors que lui, toujours Tartarin, clamait qu'il valait plus de 5 milliards. Quant aux sondages effectués par diverses publications indépendantes, ils montraient déjà que, si le constructeur était archi-connu, il n'était pas pour autant si aimé que cela…

L'épisode du Reform Party a ceci de particulier que pour une des rares fois dans l'Histoire politique des États-Unis, un outsider du sérail politique, connu jusqu'ici pour ses réalisations immobilières, ses frasques people, ses liaisons et ses mariages, tentait l'aventure sans être écrasé par le ridicule. Le monde politique cédait une parcelle de terrain, et non la moindre, à la ferme des célébrités. Pour conquérir la faveur de l'électeur, il ne suffisait donc pas d'aligner les programmes et de psalmodier de longues professions de foi et des litanies de promesses plus ou moins réalisables : l'important était de divertir. D'amuser. D'exciter. De faire réagir. Même négativement. D'occuper plus ou moins talentueusement le territoire de la parole et de l'image, du son et des lumières, du slogan et de la marque, afin que nulle créature respirante et marchante ne puisse chasser de sa tête le personnage qui brigue ses faveurs. De Donald Trump à Beppe Grillo, de Bernard Tapie à Silvio Berlusconi, la politique s'est pacsée avec le show pour le meilleur et pour le pire. Si Dieu a besoin des hommes, la société a besoin d'éveilleurs.

La campagne de Trump vécut ce que vivent les roses. Après avoir attaqué George W. Bush pour son inexpérience, n'hésitant pas à parler de corde dans la maison d'un pendu, il s'en prit à Al Gore et vanta son propre savoir-faire de businessman, lucide plus que tout autre sur les réalités économiques du moment. Il annonça triomphalement que, s'il était élu président, il serait à la fois représentant des affaires internationales et on pourrait l'appeler président ou ambassadeur selon la volonté de chacun. C'est dire si, à l'époque, il prenait son engagement au sérieux... En revanche, il ne se privait pas de participer à des conférences payées 100 000 dollars chacune et commettait ainsi le tour de force d'être le premier candidat qui gagnait plus d'argent dans sa campagne qu'il n'en dépensait. Dans ses meetings, il parlait surtout business, art de la transaction, réussite, pensée positive, pouvoir et vendait allègrement ses bouquins et un certain nombre de produits labellisés à son nom. Au bout de quelques mois, il arrêta tout en prétextant que le parti de la réforme était en pleine décomposition et qu'à ce titre, ce n'était plus la peine de continuer. Verts de rage, les cadres du mouvement se répandirent en imprécations, affirmant que Donald Trump n'était venu que pour promouvoir ses hôtels, son dernier livre et lui-même à leurs frais. Ils en avaient assez d'être utilisés par lui, persuadés que toute cette comédie de candidature n'avait été faite que pour vendre ses recettes de businessman pour qui veut gagner des millions. Quant à notre héros, il déclara, non sans une certaine ingratitude, qu'aucune campagne présidentielle ne peut se mesurer, en bonheur et en intensité, à la construction d'un des grands gratte-ciel de Manhattan. Ce qui ne veut pas dire qu'il abandonnait définitivement toute ambition politique. Mais en l'an 2000, les fruits étaient trop verts et bons pour les goujats.

Reste un détail troublant : Roger Stone avait fondé, en 1981, BMS&K, un bureau de lobbying qui deviendra vite l'un des plus efficaces instruments de pression de Washington, au service de grandes compagnies comme de candidats qu'il arrose afin, une fois élus, que ceux-ci votent des lois dans le sens des entreprises clientes de la société. Du trafic d'influence considéré comme exploit artistique.

BMS&K s'occupe aussi bien de Bob Dole que de Viktor Ianoukovytch, de Geoge W. Bush que de Sese Seko Mobutu, de Reagan et de Marcos, appuyant allégrement démocrates et dictateurs, proche de tous les cercles de pouvoir navigant au sein du Sénat et de la Chambre des représentants. Tout ce qu'en principe dénonce Trump, du matin au soir, depuis le début de sa campagne. Or, qui est l'un des fondateurs de BMS&K avec Roger Stone, son ex-associé, faiseur et défaiseur de rois depuis trente-cinq ans ? Personne d'autre que Paul Manafort, devenu depuis avril 2016, le directeur et le véritable maître d'œuvre de la campagne de Trump. Preuve supplémentaire, s'il en était besoin, que celui-ci sait composer avec l'*establishment*, laissant, le moment venu, les gants de boxe au vestiaire. Avoir pour fin de devenir le roi du monde, justifie, même pour Trump, certains moyens.

CHAPITRE IX

Légère hésitation avant le saut

« Je suis trop carré pour devenir politicien. »

2011

Ce court séjour au pays des politiques, cette entrée par la petite porte sur un terrain où il ne pouvait ébranler ni l'éléphant républicain ni l'âne démocrate, allaient quand même laisser des traces. Et des envies. Ainsi, la démangeaison présidentielle le reprit quelques mois avant l'échéance de 2012. Déjà, en 2004, dans son livre *How to Get Rich*, il évoquait l'expérience du Reform Party. Il concluait en avouant qu'en fin de compte, il était trop bien dans son bazar immobilier pour aller se défoncer en politique. Et d'ajouter : « *Dans ce domaine, il faut faire attention à ce que vous dites. Je suis trop carré pour devenir politicien. De plus, comme vous le savez, je n'aime pas beaucoup serrer des mains. J'ai surtout remarqué que pendant les quelques mois au cours desquels j'ai envisagé ma candidature, les gens commençaient à me traiter différemment : ils étaient plus réservés, moins amicaux. Avant, j'étais le Donald, quelqu'un qu'ils saluaient avec le sourire. Tout d'un coup, l'atmosphère changeait. Une personne que je connais depuis des années, me voit au restaurant Le*

Cirque, et pour la première fois de ma vie, au lieu de m'appeler Donald, elle me salue d'un : Mr Trump. Ça m'a fait réfléchir. Nous avons tous envie, à un moment donné, de changer de terrain et d'affronter de nouveaux défis. Cela vaut de prendre le risque, mais auparavant, il faut vraiment savoir où l'on met les pieds et être sûr qu'on est vraiment fait pour le job. »

En 2011, donc, rebelote. Il y songe à nouveau. Encore plus fort qu'avant. Mais il hésite. L'on s'est souvent demandé pourquoi, dans la société civile, des hommes et des femmes qui n'auraient plus à prouver leur valeur et leur réussite, ne pensent jamais à s'aventurer dans les chemins sablonneux et malaisés de l'élection. S'exposer aux feux de la rampe, penser que les lanceurs d'alertes et les sites qui ne laissent rien passer vont se mettre à explorer tous les recoins de vos activités publiques comme de votre vie privée, pourquoi faire ? Si le monde des affaires est impitoyable, celui de la politique est mortel. D'abord, on gagne beaucoup moins d'argent qu'à la Bourse, dans les conseils d'administration ou par la manne céleste des dividendes, des golden parachutes ou des indemnités faramineuses ; ensuite, on est obligé de faire le beau du matin au soir sur les marchés et sous les préaux, dans les rues et dans les salles de réunion, avec la perspective tout à fait enivrante de se faire parfois huer, bousculer, voire cracher dessus. Il faut ensuite flatter chaque corporation, chaque communauté, céder à l'un, se compromettre avec l'autre, faire les cadeaux qu'il faut aux intermédiaires qui conviennent, passer le séné et la rhubarbe, bâtir des programmes qu'on sait ne pas tenir et égrener des promesses qui n'engagent que ceux qui les écoutent. À d'autres.

Trump se pose toutes ces questions. Ses concurrents et la presse se pencheront sur tout ce qu'il a *dealé* dans sa carrière d'entrepreneur et vont commencer leur travail de démolition. Il peut avoir gagné 7 milliards de dollars et plus, ils le feront quand même passer pour un imbécile. Pour un type comme Obama, c'est beaucoup plus facile. Il n'a jamais fait une transaction, sauf pour acheter sa propre maison. Et encore. Il n'a jamais créé un emploi, n'ayant exercé qu'une activité de bureaucrate à Chicago. Or, dit toujours Trump, c'est précisément d'entrepreneurs dont nous avons besoin aujourd'hui et non de politiciens de carrière qui se sont noyés dans tous les compromis et tous les renoncements pour durer et se faire réélire. Obama, ajoute le milliardaire, est un cynique, un manœuvrier, mais il est adoré par la presse et les médias, tous démocrates, qui ne tarissent donc pas de louanges sur cet étudiant qu'ils présentent comme brillantissime mais qui ne fut que moyen, ce leader qu'ils couvrent d'éloges, mais qui n'a pas fait grand-chose. Toujours en 2011, Trump dit encore : « *Il vaudrait mieux que je ne me présente pas. Mais si l'économie continue de mal se porter et que les républicains choisissent le mauvais candidat, je n'exclus pas d'y aller. Il existe une loi totalement stupide qui empêche tout animateur d'une émission télévisée, de postuler à un emploi politique. Obama peut se montrer tous les jours à la télévision et voyager dans le monde entier aux frais du contribuable, mais je ne peux pas, quant à moi, animer* The Apprentice *tout en faisant campagne. Pure connerie et perte de temps pour le pays.* »

En fait, Trump est de plus en plus tenté. Son épouse, Melania, qui le décourageait jusqu'ici de franchir le pas, avait changé d'avis. Il avait même préparé sa déclaration de patrimoine exigée par la loi de tout candidat à la présidence. À la dernière minute, il signe pour une nouvelle saison de son show télévisé avec NBC. Il s'en est expliqué longuement dans *Time to Get Tough*[14]

« *La première raison que j'aurai de me présenter, est la nécessité de mettre de l'ordre dans ce qu'Obama a fait de notre pays. J'ai construit une formidable entreprise. Nous avons des actifs solides, un cash-flow impressionnant, et très peu de dettes. Aujourd'hui, l'Amérique est aux antipodes de l'état de ma compagnie. Que ce soit moi ou un autre, nous avons urgemment besoin de quelqu'un qui a prouvé ce qu'il savait faire dans le privé. La différence avec les politicards professionnels, c'est que nous faisons attention aux coûts. Nous n'avons pas besoin d'une*

14. Regnery Publishing, 2011.

armée de conseillers, d'un bataillon de sondeurs, d'une légion d'adjoints, que l'on paye royalement soit pour ne rien faire, soit pour fournir, à quelques exceptions près, des idées fausses et des stratégies bidonnées. Quand vous pensez que l'Amérique en est à 15 trillions[15] *de dollars de dettes, et que personne ne fait rien, sauf la léguer aux Chinois, il y a de quoi enrager…*

Et pourtant, dans notre pays, il y a des gens qui font du bon boulot, comme les militants du Tea Party, qui sont des patriotes et qui veulent s'attaquer au pire des capitalismes, celui que moi-même j'exècre et qui est le capitalisme de connivence. On l'a vu à l'occasion de diverses révélations, comment les amis du président et ceux qui ont financé sa campagne, obtiennent des subventions avantageuses, des prêts à taux imbattables. Ceux-là, quand ils gagnent, c'est pour leur poche et quand ils perdent, c'est le contribuable qui paye. Je suis pour une compétition juste. Le gouvernement n'a pas à taxer la classe moyenne pour exempter les copains du président. C'est inadmissible. Les enseignants, les infirmières, les policiers, les pompiers n'ont pas à effacer avec leurs salaires et leurs économies les traders de Wall Street et les grosses entreprises qui délocalisent et fuient dans les paradis fiscaux. Quand je pense que l'on continue à faire des facilités aux compagnies pétrolières, je trouve ça plus que scandaleux. Elles gagnent des milliards et n'ont vraiment pas besoin de ces cadeaux d'État.

15. 1 trillon = 1 000 milliards.

Le gaspillage illimité de l'argent du contribuable ne gêne pas Obama. Cela fait partie de son programme qui vise à instaurer l'État providence, ce qui est une duperie. Tout se passe comme s'il croyait que plus il distribue de l'argent public, plus il aura des votes pour sa réélection. C'est pourquoi son administration se fiche totalement de réprimer les fraudes et de travailler à l'équilibre des comptes : il achète des votes et comme tout bon gauchiste le sait dans son évangile, plus importants sont les cadeaux aux corporations, plus peuplée devient votre armée d'électeurs. C'est une trahison honteuse envers le contribuable américain et envers les deux piliers qui supportent les fondations et la prospérité de notre pays : le travail et l'autonomie. »

Pour Trump, tout est clair. Les devoirs sont aussi importants que les droits ; la responsabilité est condition de la liberté et non le contraire ; le succès n'est pas une tare, ni la richesse une preuve nécessaire de malhonnêteté. Par ailleurs, il répète à qui veut l'entendre son mantra du « *made in America* », tel le socialiste Arnaud Montebourg qui psalmodiait « fabriquez français » et tel le communiste Georges Marchais, qui proclamait la nécessité de « vivre et travailler au pays ». Décidément, il arrive que les extrêmes se touchent…

CHAPITRE X

Misogyne, moi ?

« À New York, il y a les plus belles femmes du monde. Et pour quelqu'un comme moi, c'est une bénédiction. »

Pour évoquer les riches héritiers, ceux qui ne se sont donnés, selon Beaumarchais, que la peine de naître, l'expression favorite de Trump est « *The lucky sperm club* » (le club du sperme chanceux). À ceux qui ricanent sur le fait que lui-même en fait partie puisqu'il est le fils d'un richissime promoteur immobilier, et qui affirment qu'il n'a réussi que parce que papa lui a prêté 100 millions de dollars, Trump rétorque : « *N'importe quoi ! Mon père m'a prêté 1 million de dollars que je lui ai rendu très vite, avec intérêts.* » Quel que soit le montant qu'il ait reçu de son géniteur, il y a une différence non négligeable entre les 8 milliards de dollars qui forment aujourd'hui le patrimoine de Donald, et les 200 millions, à quoi se montait la fortune de son père. Ce souci d'être le meilleur, le plus grand, le plus beau et de ne devoir rien à personne, est omniprésent dans les actes de l'homme, et constitue à n'en pas douter, ce qui le structure et le fait courir. Tout au long de sa vie publique, il n'a pas arrêté de clamer au monde à quel point il était différent. Il n'hésite pas, dans ses interviews, à parler de tout et de rien, ne négligeant aucun détail. Objet de culte et marque de fabrique, sa chevelure est l'objet unique de son assentiment. Il confie à Playboy en octobre 2004 : « *Je me lève, prends une douche et me lave les cheveux. Je lis ensuite les journaux et regarde les nouvelles à la télévision. Pendant ce temps, mes cheveux sèchent. Cela prend environ une heure. Je n'utilise pas de sèche-cheveux. Quand ils sont secs, je les peigne. Quand ils ont le look que j'aime – même si les autres n'apprécient pas, je m'en fous – je les laque et c'est bon pour la journée.* » Visiblement, le diable est dans les détails. Et comme ils sont nombreux à croire qu'il porte une perruque, et que la construction au-dessus de sa tête ne peut pas être authentique, il ne manque pas une occasion de prouver le contraire. Il n'a pas hésité à en parler en août 2015, lors d'un meeting dans l'État d'Iowa : « *J'étais un jour en Alabama. Il faisait chaud et humide. Il pleuvait. J'ai enlevé mon chapeau sous la pluie battante et tout le monde a vu qu'il s'agissait de mes cheveux. Heureusement que je n'ai pas à le prouver tous les jours.* »

Autre caractéristique dominante du personnage : il aime ceux qui chantent ses louanges et déteste ceux qui l'attaquent. Rien de plus naturel, à condition que l'auteur ne soit pas dans la course pour la Maison Blanche et ne passe pas son temps à régler des comptes personnels alors qu'il brigue la présidence de la super puissance mondiale. Tous, y compris ses proches et sa famille, lui demandent d'abandonner les petites polémiques, de ne pas répondre à la moindre vanne, de ne pas faire l'inventaire de ses adversaires comme s'il était au tir aux pigeons. En bref : de se comporter enfin en présidentiable. Du coup, il en fait un des moments clés de ses meetings : « *Mon épouse Melania et ma fille Ivanka me supplient d'être à la hauteur de mes ambitions politiques, c'est-à-dire d'être modéré dans mes propos, compassé dans mes attitudes. Bref, que je m'autocensure. Que Trump ne soit plus Trump. C'est ça que vous voulez ?* » La foule hurle qu'il n'en est pas question. Donc, il continue, se vantant de connaître les limites à ne pas franchir.

Ont été déjà, dans ce livre, évoqués le mur pour les Mexicains et l'arrêt de l'immigration pour les musulmans venant de pays à vocation terroriste. Ces profondes fissures, voire ces éboulements en cascade dans la maison du politiquement correct, ne l'ont pas, jusqu'ici, précipité dans les poubelles de l'Histoire, tant s'en faut. En fait, il s'attaque pratiquement à tout, et ne respecte pas grand-chose. Par exemple : « *Je vous assure que je ne me prends pas pour Dieu. Je crois en Dieu. S'il lui arrive un jour d'avoir envie d'un appartement dans la Trump Tower, je lui vendrai ma plus belle suite, à un prix défiant toute concurrence. Après tout, il est plus célèbre que les plus célèbres de mes copropriétaires.* » Quand le pape François s'en prit à ses positions vis-à-vis du Mexique et à sa volonté de construire un mur de séparation en le traitant de non-chrétien, il lança : « *Le pape ne me connaît pas. S'il me connaissait, il m'aimerait bien.* » Et il insiste encore et toujours sur sa personnalité : « *Ce que j'apporte, c'est de l'énergie. Une énergie énorme. Illimitée. Pourquoi ? Parce que mon premier but dans la vie est de continuer à gagner. Pour une raison simple : si je ne gagne plus, je ne pourrai pas participer à la prochaine bataille.* » Il reconnaît également la puissance de son nom qui existait évidemment avant lui : « *Je suis né avec un nom qui fonctionnait bien. Quand j'étais gosse, il évoquait irrésistiblement, déjà dans le Brooklyn et dans le Queens, la construction immobilière. Trump, c'est concis, c'est précis, c'est une carte maîtresse que j'ai acquise en héritage et qui m'a permis de faire des choses très importantes. Si je m'étais appelé Joe Blow, ça n'aurait pas marché. Pas du tout.* » Et il le répète, il le martèle, il le psalmodie, par exemple au magazine *Fortune* le 3 avril 2000 : « *J'ai mon nom gravé en lettres d'or sur la moitié des plus importantes constructions de New York. Je suis allé au Warthon School of Finance qui est la première de toutes. Je suis intelligent. Certains disent que je suis très intelligent.* » N'en jetez plus. À lire ses interviews données dans certains journaux et publications, on a l'impression d'avoir affaire à un mégalomane égotiste, arrivé à un tel degré de satisfaction, qu'il ne voit plus la réalité en dehors de verres grossissants, uniquement dirigés sur son nombril. Il y a sans conteste chez Trump, la volonté quelquefois pathétique, d'être le champion du monde, d'être reconnu comme le premier de la classe, le plus haut dans l'échelle de la réussite, sans quoi tout s'effondrerait, y compris lui-même. Et ce, dans tous les domaines. Il n'hésite pas à jouer au surmâle dans *Playboy* : « *Le Viagra ? C'est très bien si vous en avez besoin. Si vous avez des problèmes de santé. Si vous avez eu une opération… Moi, je n'en ai jamais eu besoin. Au contraire, j'aimerais bien qu'il y ait un anti-Viagra, quelque chose qui produirait l'effet opposé. Qui calmerait les ardeurs. Je ne me vante pas, je vous assure.* » Et allez donc !

D'après lui, tout le monde l'aime. Les rappeurs comme Kanye West, les chanteurs de hip-hop, le Tea Party, les conservateurs, les modérés, les évangélistes. Tout le monde. Quant à ceux qui le détestent, il en fait l'inventaire et leur renvoie la monnaie de leur pièce, avec autant de précision que de délectation : « *Les journalistes sont des menteurs. Ils sont terribles. Terribles. Pas tous, mais beaucoup d'entre eux.* » Même chose sur les experts : « *Ils sont payés 500 000 dollars par an pour faire les crétins sur les plateaux de télévision. Certains sont bons, d'autres sont complètement incompétents. Nuls.* » Il va même jusqu'à attaquer le sénateur John McCain, héros de la guerre du Viêtnam, torturé et fait prisonnier pendant des années parce qu'il ne voulait pas quitter ses hommes, capturés comme lui : « *C'est un héros parce qu'il a été capturé. Moi, j'aime les gens qui n'ont jamais été faits prisonniers.* »

Entre compliments et excès, insultes et outrances, attaques et contre-attaques, KO technique et réveil en fanfare, Trump réussit à être l'un des personnages les plus atypiques de nos temps incertains. Il tient des propos que l'on aurait pu entendre d'un Coluche version américaine, d'un bouffon anarchiste, d'un fou du roi ou d'un pamphlétaire déchaîné dans la guerre de tous contre tous, sauf que lui, qui passe son temps à critiquer le système, y a acquis une position quasiment intouchable. Ce qui peut être le plus intéressant aujourd'hui dans sa démarche, c'est qu'il est sorti radicalement des zones plus ou moins protégées de la rubrique « *people* » et des chroniques économiques, des paillettes du showbiz et des beaucoup plus ternes bilans financiers, pour rentrer sabre au clair dans la jungle présidentielle, s'y tailler un chemin à coups de serpe, et essayer d'arriver au sommet, alors que s'est rassemblée contre lui, de tous les côtés de la palette politique, une formidable coalition qui ne veut pas en entendre parler, parce que, tout simplement, il ne joue pas le jeu. Il aurait tort et on a la ferme intention de le lui faire bien voir.

En attendant, il suit son étrange bonhomme de chemin et dément toute accusation de racisme, notamment envers les Mexicains : « *J'aime le Mexique, j'aime son peuple, j'ai employé des milliers de travailleurs mexicains jusqu'à aujourd'hui et je n'ai eu qu'à m'en féliciter… le problème, c'est que le gouvernement mexicain ne fait rien pour empêcher les maffias de la drogue, les criminels, les violeurs et autres déchets humains, de venir chez nous par milliers. C'est pour ça que je veux bâtir un mur.* » Les Chinois ? « *Ils jouent aux prestidigitateurs. Ils nous envoient leurs voitures, ils prennent nos emplois, ils font tout pour nous dépouiller et on leur doit de l'argent… Nos dirigeants n'ont rien compris. Quand les huiles de Pékin viennent nous voir, on leur organise des grands dîners de gala. Pourquoi nos crétins de Washington font-ils cela, alors que les autres nous dévalisent ? Il faut les amener chez McDonald bouffer un hamburger avant de retourner à la table des négociations. Sérieux, c'est ça qu'il faut faire… Il faut leur dire à ces fils de putes : on va vous taxer à 25 % ! Vous allez voir.* »

Sur Vladimir Poutine, voici ce qu'il répondait en 1997 aux questions de l'hebdomadaire *The New Yorker* : « *D'abord, qui a envie d'utiliser les armes nucléaires avec cet enfoiré ? Je n'ai jamais vu quelqu'un d'aussi dur et d'aussi froid. Rien à voir avec les types que je rencontre dans l'immobilier, qui peuvent être méchants, voire violents. Ce mec est bien au-delà, ça se voit dans ses yeux : c'est un tueur.* » En 2015, changement de ton à propos du même personnage : « Poutine déteste Obama, mais je crois qu'il m'aime *bien. Je pense que l'on s'entendrait pas mal, tous les deux, si vous voulez savoir la vérité. Mais il n'a aucun respect pour notre président et celui-ci ne l'aime pas.* » Et d'ajouter : « *Contre Daech, contre ces criminels qui décapitent, qui mettent des gens dans des cages et qui les brûlent vivants, qui violent des petites filles et lapident du matin au soir, on ne devrait pas utiliser la manière forte ? On ne devrait pas les questionner rudement ? Non, mais vous plaisantez ? Pour les vaincre, il faut bombarder leurs puits de pétrole et en tout cas les taper au portefeuille comme à la tête.* »

Quand Trump quitte la politique étrangère pour aborder les problèmes américains, la Foire du Trône et le tir à répétition ne diminuent pas d'intensité. Sur les vedettes de Hollywood qui l'ont mis sur liste noire, il affirme : « *Je connais tellement de gens du showbiz depuis des années. Savez-vous ce qu'ils font ? Ils m'appellent pour me dire : Donald, je suis un type de gauche, mais je vais voter pour toi. Mais s'il te plaît, rends-moi service, ne le dis surtout à personne sinon je suis mort.* » Sur la famille Bush, il est intarissable : « *La dernière chose dont nous avons besoin, c'est d'un autre Bush. J'ai vu que dans un sondage j'étais à égalité avec lui et je me suis dit : c'est terrible. Comment puis-je être à égalité avec ce nul ?* » Le même jour, le 11 août 2015, il précisait : « *Jeb Bush sera incapable de négocier comme il faut avec le Mexique ou avec la Chine. Vous savez ce qu'il a dit ? Les Mexicains arrivent chez nous, c'est un acte d'amour !*

Non, Jeb, ce n'est pas un acte d'amour. » Sur une autre concurrente, Carly Fiorina, il s'est déchaîné : « *C'est une brave femme, elle a été virée. Elle a fait un très mauvais travail à la direction de Hewlett-Packard. La compagnie a pratiquement sombré. À part ça, je n'ai rien contre elle.* » En septembre 2015, il n'hésite pas à confier aux journalistes de *Rolling Stone* toujours à propos de Fiorina : « *Regardez-là ! Regardez sa tête ! Qui pourrait voter pour ça ? Vous vous imaginez la tronche de notre prochain président ? Je sais, c'est une femme et je ne devrais pas dire des choses pareilles, mais franchement les gars, est-ce que c'est sérieux si on élit ça ? De toute façon, on ne peut pas l'écouter plus de cinq minutes sans avoir mal à la tête. Elle a échoué partout. Je lui souhaite bien du plaisir.* » Sur la journaliste de Fox News, Megyn Kelly, qui lui a reproché, exemples à l'appui, ses propos nettement misogynes et ses insultes répétées envers des créatures de sexe féminin, il s'est emporté. Quelques jours plus tard, il a dit de Kelly, qu'elle suintait la haine à son égard. « *On aurait dit que du sang sortait de ses yeux, de sa bouche, et d'ailleurs...* » Les nombreux adversaires de Trump affirmèrent qu'il était allé jusqu'à évoquer les menstrues de la journaliste, ce qu'il nia.

Sur les femmes, il est intarissable. Reconnaissons-lui le fait de continuer à employer des dizaines de femmes dans les cercles du pouvoir de la Trump Organization, de leur avoir confié la direction générale de très importantes opérations immobilières, d'avoir continué, malgré l'opposition d'une bonne partie des républicains, à défendre le planning familial et de ne pas partager sur l'avortement la *doxa* des conservateurs. Dans le domaine de sa vie privée, il dit avoir besoin d'émotion, d'aventure et d'intensité. Il est resté douze ans avec sa première femme, Ivana, cinq avec la seconde, Marla, et vit depuis 1998 avec Melania qu'il a épousée en 2005. Les femmes le motivent, le forcent à aller encore plus loin : c'est pourquoi il les aime considérablement et s'en méfie ouvertement. « *Les femmes sont plus dures et plus calculatrices que les hommes. Je m'entends mieux avec elles. Je suis sorti avec les plus belles femmes du monde. Il y a des types qui me disent qu'ils veulent des femmes intelligentes, douées de conversation, pas seulement des belles plantes. Ils disent ça parce qu'ils n'arrivent pas à sortir avec celles-ci.* »

Pas si étrange que cela, la prédilection de Donald Trump pour les jolies femmes qui, dès qu'elles arrivent quelque part, impriment, ravissent, séduisent. Un homme comme lui, à ce point obsédé par son image et le label de qualité permanente qu'elle doit refléter, se doit d'être flanqué d'une beauté sculpturale et sans défauts. Ce qui ne veut pas dire qu'il les choisit rachitiques du bulbe, dans le style « sois belle et tais-toi » ; Ivana fut une partenaire efficace, et participa notamment à la gestion et à la décoration de l'hôtel Plaza et du Trump Castle d'Atlantic City, tout en élevant ses trois enfants. Marla, fut plus éphémère, mais posait très agréablement pour les magazines, quant à Melania, elle n'a eu d'emblée aucune envie de jouer un autre rôle que celui d'épouse et de mère, tout en étant parfaitement à son aise dans tous les lieux de luxe où évolue le couple, de la Floride au Connecticut, en passant évidemment par le sommet de la Trump Tower. Sur cette idéologie de la beauté féminine, considérée comme symbole indispensable de la réussite, en témoigne l'étonnante confidence que fit Trump à la journaliste Maureen Dowd, dans le *New York Times* du 19 septembre 1999, à propos de l'affaire Lewinsky : « *Bill Clinton a médiocrement géré sa liaison avec Monica. C'est triste, parce qu'il serait passé à la postérité pour un grand président s'il n'y avait eu ce scandale. Je pense que les gens auraient été plus cléments avec lui s'il avait eu une liaison avec une femme vraiment belle et sophistiquée. Kennedy et Marilyn Monroe, c'était quand même d'un autre niveau…* »

Ce n'est un secret pour personne, que Trump considère les relations entre un homme et une femme, sous toutes leurs dimensions, comme l'une des choses les plus importantes de la vie. Pour autant, il n'est pas, tant s'en faut, l'incarnation du jouisseur et de l'hédoniste qui fait de sa vie un lieu géométrique des plaisirs de tout acabit. Rappelons que s'il ne fume pas, ne boit pas, ne se drogue jamais, et préfère à toutes *faims* utiles, le plus simple des hamburgers à la plus sophistiquée des soles meunières, il fallait bien, sauf à être l'ermite le plus riche du monde, qu'un bonheur maîtrisé enjolive sa vie. On a beaucoup daubé sur ses propos plus que légers sur la gent féminine, ses charmes et ses pouvoirs, en dénonçant avec indignation sa vulgarité et son machisme vis-à-vis du sexe que l'on ne dit plus, et heureusement, faible. Soyons sérieux : que celui qui n'a jamais, dans la chaleur d'un bar, ou dans une conversation de copains, lancé de plaisanteries grivoises et de mots faciles, lui jette la première pierre. Répétons que pour lui, à tort ou à raison, la beauté est un signe extérieur de pouvoir que chacun peut interpréter comme il veut. Trump n'a jamais caché qu'il était un grand consommateur de jolies créatures, ce qui provoque quelquefois, chez certaines personnes, une violente crise d'urticaire. Les autres, plus ouverts et indulgents, conviendront en pensant à eux-mêmes qu'il lui sera beaucoup pardonné parce qu'il aura beaucoup aimé…

Une réflexion, au cours de notre entretien que j'avais laissé en *off*. À la question : « Connaissez-vous personnellement un homme politique français ? » Il m'avait répondu non, puis s'était ravisé : il a connu quelqu'un qu'il estime profondément, une femme brillante et d'excellente compagnie.

Je cherchais déjà dans ma tête la liste des femmes politiques qu'il avait pu rencontrer, quand il avança son nom : « *Carla Bruni* ». Nous en restâmes là. Il ne me fit aucune confidence, mais la rumeur d'une relation avec l'actuelle épouse de Nicolas Sarkozy traîne depuis plus de vingt ans dans la rubrique « potins » des quotidiens new-yorkais.

Si Donald Trump a pour les femmes un appétit non déguisé, il n'en perd pas pour autant la tête ni le nord. Quand il rencontre Ivana Winkelmayer à New York, elle est mannequin à Montréal et aurait été membre de l'équipe tchèque en 1972 aux Jeux olympiques de Sapporo. Le trentenaire fringant lui fait une cour assidue et la demande en mariage début 1977. Mais, il n'oublie pas de concocter avec son avocat et complice Roy Cohn, un accord prénuptial dans lequel était notamment stipulé que s'ils divorçaient, Ivana devait rendre tous les cadeaux offerts par Donald. Celle-ci, fine mouche, demande 150 000 dollars à verser tout de suite dans son compte personnel, à titre d'assurance. Après quelques tractations, ils conviennent d'un arrangement qui stipule qu'après trente ans de mariage, Ivana recevra 90 000 dollars par an et que sera déposée tout de suite sur son compte, la coquette somme de 100 000 dollars. Ils auront ensemble trois enfants et seront pendant quelques années l'un des couples les plus cités et les plus photographiés dans les rubriques people du Tout-

New York. Le cocktail showbiz plus gratte-ciel plus Manhattan fonctionne à merveille, aussi bien dans les affaires que dans les mondanités, les unes et les autres se nourrissant réciproquement dans un ballet bien réglé. Des deux pigeons qui s'aimaient d'amour tendre, Trump s'ennuya bientôt au logis. Il s'enticha d'une jeune et ravissante apprentie comédienne qui venait de débarquer à New York, Marla Maples. Fureur d'Ivana. Règlement de comptes dans une station de ski d'Aspen, Feydeau revu et corrigé par Scott Fitzgerald. Les liaisons dangereuses de The Donald – comme l'a baptisé une fois pour toutes Ivana – font la une des tabloïds et nourrissent les potins des commères américaines qui s'en donnent à cœur joie. Le divorce est prononcé en 1989. Ivana reçoit 10 millions de dollars et 650 000 dollars par an pour elle et ses trois enfants. Aujourd'hui, ces derniers sont à la tête de la Trump Organization et Ivana – qui a gardé le nom de Trump – vit dans un somptueux appartement à quelques encablures de la Trump Tower et du triplex qu'elle avait occupé et décoré en 1984.

La liaison de son époux avec Marla Maples durait déjà depuis quelques années. Ils se marient à l'hôtel Plaza le 20 décembre 1993, alors qu'elle est, depuis quelques mois, enceinte de Tiffany. Ils se sépareront cinq ans plus tard, non sans que Marla ait signé elle aussi, d'emblée, un accord prénuptial dont les sommes étaient beaucoup moins avantageuses que celles accordées à Ivana. Trump lui expliqua gentiment que sa première femme l'avait efficacement secondé dans son ascension et ses succès, ce qui n'était pas le cas pour elle. Mais le caractère de Marla était aux antipodes de celui d'une femme d'affaires. Elle voulait que son Crésus de mari s'intéresse aux œuvres caritatives et à l'environnement, et déplorait qu'il n'ait aucune vie de famille et qu'il ne pense, respire, carbure qu'à ses affaires et à ses projets. Elle ne se battra pas outre mesure et Trump, outre la somme versée immédiatement de 2 millions de dollars, lui assurera une vie décente. Elle conservera l'album de son mariage à l'hôtel Plaza où 900 invités avaient été conviés, de Liza Minnelli à O. J. Simpson. Les feuilles mortes se ramassent à la pelle. Quant à Tiffany, elle chante, et elle pose pour les grands stylistes dans *Vogue* et *Vanity Fair*, avec un certain succès. En avril 2011, sur la chaîne ABC, Trump se confiait ainsi : « *J'ai eu deux divorces et c'était des femmes très bien. Je le dirai toujours : elles étaient formidables. Mais vous savez, je travaille tellement et tout le temps, que ce n'est pas très exaltant, c'est le moins qu'on puisse dire, pour la femme qui vit avec moi.* »

Ce n'est pas par hasard qu'il publie *The Art of the Comeback*[16] (l'art de revenir) au moment même où

16. Time Books, 1997.

son mariage avec Marla bat de l'aile. Il s'y répand notamment sur les femmes avec un mélange de cynisme et de distance, qui donne à réfléchir. Dans les chapitres consacrés à ce sujet, il les décrit comme des tueuses sexuellement voraces qui utilisent leur beauté pour dominer les hommes. Il évoque sa vie personnelle en n'hésitant pas à affirmer : « *Je ne sais pas pourquoi, mais chez les femmes, je suscite en elles le meilleur ou le pire.* » Visiblement, comme Sacha Guitry, il est contre les femmes, tout contre. Et d'ajouter : « *L'un des problèmes que j'ai eu avec les femmes, est incontestablement le fait que je les comparais à chaque fois à ma fabuleuse mère, Mary-Ann.* »

Une journaliste de la chaîne anglaise ITV, Selena Ascott, avait interviewé il y a plus de quinze ans, la mère de Donald qui lui avait avoué que celui-ci était son fils préféré et qu'elle le gâtait beaucoup, ne fût-ce que pour compenser la dureté initiale de son père. « *Vous savez, lui dit-elle, Donald, déjà enfant, voulait tout. Il était dans l'attitude de quelqu'un qui lançait à n'importe quel interlocuteur : ce que tu as m'intéresse. Tu me le donnes ou je te détruis.* » Enfant gâté ? Enfant roi ? Mais également, dès l'âge de 13 ans, soumis à une discipline de fer et pénétré par la religion du travail et du profit, du mérite et de la persévérance, The Donald était prêt pour l'envol, avec ressources illimitées.

Ce fut une tout autre histoire avec le mannequin slovène Melania Knauss, qu'il rencontra en 1998 et qu'il épousa après sept ans de vie commune, dans sa somptueuse et centenaire résidence de Mar-a-Lago. Hillary et Bill Clinton, à l'époque proches amis de Donald, assistaient à la noce et plusieurs photos les montrent en train de s'embrasser comme du bon pain. Quand ils se sont rencontrés, elle avait 28 ans et lui 52, mais elle lui fit comprendre très vite que s'il la voyait pour une aventure sans lendemain, elle préférait arrêter les frais tout de suite. La devise de Melania au monde extérieur, c'est : ne demandez pas ce que Donald peut faire pour vous, mais ce que vous pouvez faire pour Donald. Depuis le début, elle le soutient à fond dans la campagne et n'a plus peur de parler aux médias, alors que pendant des années, elle était légèrement complexée par son accent est-européen. Quant à leur fils Barron, elle ne laisse à personne, affirme-t-elle, le soin de l'accompagner à l'école.

En tout état de cause, Trump ne manqua jamais de rappeler les avantages de l'accord prénuptial. Dans la série : même si vous êtes fou amoureux, prenez vos précautions. Il consacre, en 2004, un petit chapitre à ce sujet dans *How to Get Rich*. Il écrit : « *À tous ceux et à toutes celles qui sont sur le point de se marier, je répète qu'un accord prénuptial ne veut pas dire que vous arrêterez un jour d'aimer votre conjoint.*

Cela ne signifie pas non plus que vous avez des doutes sur son honnêteté ou que vous vous posez des questions sur la réalité de votre relation. Il s'agit simplement de reconnaître que la vie, en ce qui concerne les domaines de l'amour et des affaires, peut devenir compliquée. Chacun a le droit de protéger ses acquis. Si vous êtes propriétaire de votre entreprise et que vous êtes face à un divorce difficile sans avoir signé un accord prénuptial, votre négligence peut mettre au chômage la totalité de vos employés. Ce que j'affirme ici vaut évidemment pour les hommes comme pour les femmes : beaucoup d'entre elles gagnent bien plus que leur mari. Si je n'avais pas signé cet accord au temps de mon premier mariage, j'aurais tout perdu. Je me rappelle qu'il a fallu un autobus pour emmener au tribunal la totalité des avocats d'Ivana… Ce fut dramatique, mais grâce à cet accord, je n'ai pas sombré. J'ai un ami marié à une femme qu'il ne supporte plus et qu'il a envie de quitter, mais il est mort de peur à l'idée de ce qu'elle pourrait obtenir au tribunal parce qu'il n'a rien prévu au départ. Avant de rencontrer sa dernière épouse, il s'était déjà marié quatre fois. Je l'avais mis en garde, mais il me dit : Donald, je suis tellement amoureux qu'il n'est pas question que je lui fasse signer quoi que ce soit. In petto, je le plaignais. Un an plus tard, le mariage était terminé et il vivait l'enfer. Quand je l'ai revu, il ressemblait à un chiffon plein de larmes. L'accord prénuptial, c'est le bon sens. » Du moins, pour les très riches et les très célèbres…

CHAPITRE XI

L'Amérique malade

« Je ferai, les cent premiers jours de mon mandat, les réformes qu'Obama n'a pas faites en huit ans. »

Comme à l'accoutumée dans la société du spectacle, l'arbre du faire savoir cache trop souvent la forêt du savoir-faire. Pis : les outrances verbales, les excès polémiques, les attaques ad hominem et la provocation comme stratégie électorale, attirent certes les médias, font flamber les réseaux sociaux et suscitent les réflexes pavloviens de l'hostilité comme de l'adhésion. Trump, qu'on le déplore ou qu'on s'en réjouisse, a excellé dans l'art de tenir, sur une multitude de sujets, des propos qui auraient relégué tout autre que lui dans des condamnations à vie pour racisme, xénophobie, misogynie, mégalomanie et autres péchés capitaux. Mais s'il est arrivé où il est, c'est bien parce qu'il avançait un programme précis, qui correspondait aux attentes conscientes ou non, d'un très large pan de la population américaine. Pour ce faire, il n'avait ni besoin ni envie de prendre des gants. Il lui fallait jeter en pleine figure de ses adversaires comme de ses partisans, des élites comme de la population, les terrifiants pépins de la réalité américaine, telle qu'il la ressentait. L'on s'aperçut très vite qu'il n'était pas le seul.

Inventaire : il s'attaque, dès son entrée en campagne, au tabou américain par excellence : l'immigration. Ce pays n'a-t-il point été fondé par l'arrivée massive d'étrangers venus de partout et d'abord d'Europe, qui eurent tôt fait de s'occuper des seuls Américains de souche, les Indiens, d'une manière aussi brutale qu'organisée ? En bref, le rêve américain était consubstantiellement tissé dans l'étoffe de la fuite de son pays d'origine pour cause de misère, de persécution ou d'ambition. Rappelons que ses grands-parents venaient d'Allemagne et sa mère d'Écosse.

Mais aujourd'hui, le tableau a changé du tout au tout et ceux-là mêmes qui accueillaient toute la misère du monde, y compris les Latinos, les Asiatiques et les Noirs, ne sont plus toujours d'accord pour maintenir les frontières grandes ouvertes. Et Trump de dénoncer, chiffres à l'appui, la gravité de l'immigration illégale. Selon l'auteur de *Crippled America*, 11 millions d'étrangers vivent clandestinement dans le pays, cela coûte aux contribuables 113 milliards de dollars par an. Il y aurait 351 000 clandestins dans les prisons américaines, dont le seul entretien coûte annuellement 1 milliard de dollars. Et le candidat républicain ne se contente pas de dénoncer les hors-la-loi et les criminels venus du Mexique ou d'ailleurs ; il s'en prend violemment aux entreprises américaines, y compris celles qui donnent de l'argent au parti républicain, qui engagent des milliers de clandestins parce qu'ils cassent les prix et sont prêts à travailler pour presque rien. Quand des esprits chagrins lui rappellent qu'il y a vingt-cinq ans, il a lui-même engagé des plombiers polonais pour bâtir l'un de ses gratte-ciel à Manhattan, il répond que les temps ont changé et que ce qui pouvait se faire à l'époque est devenu impensable aujourd'hui. Il dénonce également ce qu'il appelle « le tourisme de maternité ». Selon lui, en vertu d'une loi dont on a détourné le sens, toute personne qui accouche aux États-Unis, verra son bébé automatiquement reconnu comme citoyen américain : 300 000 femmes pratiqueraient annuellement ce tourisme de maternité. Il convient, pour lui, d'arrêter ce flux qui, sinon, ne pourra qu'augmenter. Il faudra aussi que tous les immigrants présents illégalement aux États-Unis et condamnés pour un quelconque délit, soient aussitôt expulsés vers leur pays d'origine. Si celui-ci refuse de les recevoir, c'est très simple, on refusera désormais tout visa d'entrée à ses ressortissants. Aux grands maux, les grands remèdes. On sait qu'en France et en Europe, nombreux sont ceux qui pensent très fort à la même chose, mais qui n'osent pas le dire, de peur d'être assimilés au Front national, à Pegida, à l'UKIP et autres mouvements d'extrême droite parce que cela permet de continuer à s'adonner aux plaisirs autosatisfaits du déni et de la bonne conscience.

Trump n'évite aucun sujet. Il est obsédé par la dette américaine qui atteindrait aujourd'hui, selon lui, la somme astronomique de 20 trillions de dollars. Pour les princes qui nous gouvernent et n'ont jamais eu à créer et à diriger une entreprise, le problème ne semble pas si aigu que ça. De Hollande à Obama, on se rassure en se persuadant qu'un pays ne peut pas faire faillite et que les créanciers seront toujours là pour avancer ce qu'il faut, et les débiteurs pour emprunter à tout va, en priant tout bas le Dieu de la finance de maintenir les taux d'intérêt au strict minimum. Trump écrit : « *Obama va continuer de dépenser l'argent public jusqu'à ce qu'on arrive à la banqueroute. C'est vraiment ce qui va se passer, quand on choisit des leaders qui n'ont jamais rien compris au secteur privé et qui n'ont jamais créé un véritable emploi.* » À bon entendeur énarque, salut.

De même, il rappelle à qui veut l'entendre ce qu'il considère comme une banalité de base, mais face à laquelle bien des gouvernements restent aveugles et sourds : à savoir que ce sont les entreprises qui créent les emplois et pas l'État.

Celui-ci devrait faciliter le mieux possible la vie du secteur privé et veiller aux équilibres généraux sans jamais se substituer à ceux qui créent, innovent et agrandissent le marché du travail.

Sur l'éducation, il est aussi très disert dans ses deux livres programme *Time to Get Tough* paru en 2011 et *Crippled America* publié à l'automne 2015. Il dénonce un système d'enseignement en ruines : selon Trump, l'Amérique est classée, quant à ses performances, au 26e rang des nations en matière de qualité d'enseignement. Pour lui, il est imbécile de déterminer une politique qui s'applique de la même façon à tout le pays. Il faut éliminer le ministère de l'Éducation, ou du moins limiter ses pouvoirs. Le système doit fonctionner au niveau de chaque État, voire de chaque ville. Il s'agit non seulement d'apprendre les matières nécessaires à avoir un métier, mais aussi les valeurs de base, la discipline, les talents. Actuellement, les professeurs, conditionnés par la nécessité de « comprendre » l'élève, de le traiter comme un objet précieux et de le disputer le moins possible, s'arrangent à prodiguer les meilleures notes et à faire passer tout le monde en classe supérieure. Pure aberration. Il faut, plus que jamais, réhabiliter la compétition afin que le jeune éprouve cette formidable joie de se battre et de réussir. Au lieu de caresser les jeunes dans le sens du poil, il faut au contraire leur présenter des défis. Leur rappeler sans cesse que le succès exige la persévérance, du travail, de la volonté. Trump se dit en faveur de la concurrence entre écoles et que les parents aient la possibilité de choisir l'école de leurs enfants en fonction de la réputation de l'établissement. Bienfaits de la compétitivité, même en ce domaine, d'abord et toujours.

Cela ne pourra se faire que si les politiques arrêtent de trembler de peur devant les syndicats d'enseignants et comprennent que des classes moins peuplées, une instruction plus personnalisée et une discipline stricte font une sacrée différence. Ce qui amène à la nécessité d'une évaluation permanente de chaque établissement et de ses professeurs, lesquels devraient être obligés de rendre des comptes. On imagine déjà la réaction que pareil programme entraînerait en douce France. Ce serait la révolution et l'embrasement généralisé du « mammouth ». Même chose aux États-Unis. Il y a, des deux côtés de l'Atlantique, du pain sur la planche pour arriver à ébranler le système.

Que l'on ne se méprenne pas : Trump rend hommage au corps enseignant, notamment aux pédagogues qu'il a connus et qui l'ont formé. Ce qu'il déplore, c'est qu'on ait enlevé aux profs leur faculté d'appliquer des règles et de la discipline au sein de la classe et qu'ils ne puissent plus sanctionner les mauvaises têtes : on a transformé les éducateurs en nourrices. Encore plus important : les enseignants devraient être payés au mérite et très bien rémunérés quand ils font du bon travail. Il est inadmissible d'accorder le même salaire à ceux qui se démènent pour les gosses et à ceux qui en font le minimum et se contentent de terminer la journée sans faire de vagues. Par ailleurs, il faut que la loi soit plus dure envers les voyous, multiplier le nombre de surveillants afin d'assurer la tranquillité de ceux qui veulent travailler, et enfin, et surtout, sanctionner les parents qui non seulement laissent faire le fabricant de désordre, mais le défendent face au proviseur et à l'enseignant. Il appartient aux pères et aux mères d'instiller à leurs enfants un esprit de discipline de travail et de respect ; l'école ne peut pas tout faire.

Dernier point qui concerne les États-Unis en particulier : l'enseignement coûte trop cher et le nombre d'étudiants obligés de s'endetter est énorme. Beaucoup, en effet, n'ont pas un père riche ou une famille aisée pour les aider. C'est là où l'État fédéral devrait être beaucoup plus actif. Au lieu de faire des bénéfices énormes avec son programme de prêt aux étudiants, il devrait faire en sorte qu'une partie de l'argent recueilli par les impôts, serve à généraliser les bourses et les facilités de paiement aux plus méritants.

Vaste programme. Avec de telles propositions, combien de voix ferait Donald Trump en France ? 10 % ? 5 % ? Combien, en Europe, d'hommes ou de femmes politiques oseraient ainsi évoquer la concurrence et le mérite, la discipline et les sanctions, la responsabilité des parents et des syndicats ? À suivre…

Sur le système de santé et les divers organismes de Sécurité sociale *made in USA*, il est également catégorique. Pour lui, l'*Obamacare* a été une solution catastrophique et qui doit être immédiatement stoppée et remplacée. Les médecins passent plus de temps à régler des problèmes de paperasse, à remplir 120 déclarations par jour et à suivre une codification ubuesque, que ce pourquoi ils sont là : soigner leurs patients. Obama aurait tenté de transformer les médecins en scribouillards. Trump, ici, diverge nettement avec l'*establishment* républicain qui a tendance sur ce sujet comme sur d'autres, à prôner le « laisser-faire laisser-aller » et que chacun se débrouille. Lui, affirme au contraire qu'on ne peut laisser aucun Américain privé de soins et cela quel que soit l'état de ses ressources. Ce n'est pas parce que les riches peuvent se payer les hôpitaux de leur choix, que les pauvres doivent crever sur le bord de la route. Que faut-il faire ? Dans ce domaine comme dans d'autres, il s'agirait de réunir les meilleurs experts du monde en matière de santé, et de les enfermer dans une salle dont ils ne sortiraient qu'après avoir trouvé une solution.

C'est l'une des rengaines du milliardaire : on engage les meilleurs de leur spécialité, on les paye très bien, on leur soumet le problème et on les réunit le temps qu'il faudra, dans des conditions certes confortables, mais avec la perspective de ne retrouver leurs chères occupations que quand ils se seront mis d'accord sur une ou plusieurs solutions. En attendant, on garde la *Social Security* et *Medicare* pour tous. Les retraités et les seniors, en particulier, en ont un besoin vital. Ce pays a fait un deal avec ses concitoyens qu'il est hors de question de ne pas respecter. Ils ont assez travaillé afin de payer ce qu'il faut pour que les plus âgés ne soient pas dans le besoin. Quand on sait qu'il y a encore quelques années, 40 millions d'Américains n'avaient aucune couverture santé et qu'il y en a encore des millions dans ce cas, c'est un scandale qui doit cesser à tout jamais.

Selon lui, on pourrait par exemple adopter une mesure révolutionnaire : adhérer à une mutuelle dans n'importe quel État des USA. Pour le moment, les compagnies d'assurance américaines ont chacune un monopole dans chaque État. Elles ont réussi à étouffer la concurrence. Comment cela est-il possible ? Tout simplement, assène Trump, parce qu'elles contrôlent les politiques en leur donnant beaucoup d'argent pour leurs campagnes électorales. Ainsi, elles garantissent le retour sur investissement. Seule manière de faire baisser les prix : rétablir la concurrence au niveau de tout le pays.

Mais ce qui met le candidat le plus en colère, c'est la perte massive des emplois à durée indéterminée aux États-Unis, due, selon lui, principalement aux délocalisations. Vu d'Europe, cela semble étrange : l'Amérique connaît un taux de chômage de moins de 5 %, moitié plus faible que celui de la France et personne là-bas, à part lui et Bernie Sanders, ne parle vraiment d'inverser la courbe, comme la demande à pied, à cheval et en voiture, un président de la République normal. Ceux que Trump dénonce, ce sont, depuis des dizaines d'années, les gouvernements et les grandes boîtes privées qui, pour des raisons de réélection pour les uns, de rentabilité pour les autres, n'ont cessé de créer des emplois partout, sauf aux États-Unis. À lire parfois le milliardaire, on a étrangement l'impression que pour lui, son véritable ennemi, c'est la finance. En effet, s'il ne rejette pas les fonds de pensions et les conseillers financiers, il affirme que ces compagnies qui gèrent des dizaines de milliards de dollars et les placent un peu partout, devraient payer nettement plus d'impôts qu'elles ne le font actuellement. Il y a là quelque chose de caractéristique chez lui : ayant prospéré et fait fortune dans la pierre, l'économie de casino ne lui va pas spécialement au teint, même s'il a largement placé certaines de ses actions en Bourse. Mais quand on scrute ses déclarations, il apparaît que Wall Street n'est pas sa tasse de thé et que les traders qui peuvent gagner plusieurs centaines de millions en un clic d'ordinateur ou en spéculant sur les monnaies, à la Georges Soros, lui sont objets sinon de mépris du moins de pure méfiance. Il l'a dit et répété : s'il a acheté et construit des casinos, il n'a jamais été joueur, ni n'a confié l'avenir de ses projets au hasard de la roulette, du baccara ou des machines à sous.

Là aussi, il se différencie des Républicains. En fait, cet atypique plein aux as, contourne la politique américaine à droite comme à gauche. À droite, on construit un mur pour se séparer des gangsters et des drogués, on surveille les entrées des pays islamiques par peur des attentats, on bataille à fond pour le second amendement de la Constitution qui stipule que le droit de chaque citoyen à acquérir et porter des armes est sacré. Après le Bataclan, il n'avait pas compris comment les Français avaient laissé faire ; après la tuerie d'Orlando, il a dénoncé le fait que personne n'était armé pour répondre au fanatique solitaire qui avait eu tout le temps de faire un carton sur des centaines de personnes sans défense. Trump le dit avec fierté : il est membre de la National Rifle Association (NRA, puissant lobby des armes à feu aux USA) ainsi que ses deux fils aînés et soutient qu'il est complètement inefficace d'interdire le port d'armes parce que les criminels, les terroristes, trouveront toujours où et comment se procurer les mitrailleuses les plus sophistiquées. Avec un langage totalement différent, il fait sien l'aphorisme de l'humoriste français Alphonse Karr : « *L'abolition de la peine de mort ? Que messieurs les assassins commencent.* »

L'un des chapitres qui lui tient le plus à cœur, c'est évidemment – métier oblige – celui qui concerne l'équipement et les infrastructures du paysage urbain de son pays. Il n'arrête pas de souligner, par exemple, que les aéroports de Dubaï et du Qatar pour ne citer qu'eux, sont des joyaux de style et de propreté par rapport à l'aéroport de La Guardia qui tombe en lambeaux. Sur le territoire américain, un pont sur neuf serait en mauvais état et certains se sont déjà effondrés. Le nombre de routes crevassées est impressionnant. Les installations électriques sont souvent en état de décomposition avancée. Il désespère de voir un peu partout dans le monde, des tunnels, des aéroports, des autoroutes, des centrales électriques de très grande qualité et, de retour au pays, des embouteillages monstrueux et des constructions obsolètes. « *Les Chinois bâtissent de nouvelles villes pratiquement tous les jours, alors qu'il nous faut des années pour obtenir le permis d'ouvrir une nouvelle fenêtre dans notre propre maison. Le Forum économique mondial classe les infrastructures américaines au 12e rang, derrière l'Espagne, la Hollande ou les Émirats Arabes Unis. L'Europe et la Chine dépensent 9 % de leur PNB en projets d'équipements urbains. Notre chiffre est de 2,4 %*[17]. » Et Trump d'énumérer à nouveau quelques-unes de ses réalisations : la patinoire de Central Park, les appartements le long du fleuve Hudson, le gratte-ciel du 40 Wall Street, l'immeuble de la poste à Washington. Il a refait tout ça dans les temps impartis, dans une qualité certifiée, que tous reconnaissent. Traduction : « Ce que j'ai fait pour mes immeubles, je peux le faire pour les États-Unis. Je ne me contente pas de bavasser comme les gouverneurs et les sénateurs : je fais. » À l'appui de sa thèse, il brandit un rapport du Sénat qui estime que la reconstruction de l'Amérique pourrait créer 13 millions d'emplois, à condition que l'on ne confie pas la tâche à des politiciens professionnels qui vont gaspiller l'argent avant de faire quoi que ce soit. Si on ne répare pas le paysage américain, comment redonner à ce pays la grandeur qu'il n'aurait jamais dû cesser de posséder.

---

17. Les citations de ce chapitre sont tirées de *Crippled America*, *op. cit.*

Trump se place résolument à gauche du tableau, quand il aborde la question des impôts. Il dénonce un *Tax Code* (code des impôts) kafkaïen, un pavé qui fait près de 75 000 pages et qui ne sert en réalité que ceux qui ont les moyens de détourner l'argent qu'ils gagnent vers des paradis fiscaux qui leur permettent ainsi d'éviter de reverser à leur pays, ce qu'ils lui doivent. L'administration des impôts, pour lui, ne sert aujourd'hui que certains intérêts spécifiques et les citoyens les plus riches.

Que faire, comme disait Lénine, et comme l'énonce aujourd'hui Donald Trump qui n'a certainement jamais lu le pamphlet du révolutionnaire bolchevique ? Commencer par être simple : alléger le fardeau de l'impôt auprès des Américains. Si vous êtes célibataire et gagnez moins de 25 000 dollars par an ou si vous êtes marié et gagnez moins de 50 000 dollars, vous ne paierez aucun impôt sur le revenu. Cela soulagera immédiatement près de 75 millions de foyers qui n'auront plus ce souci. Ensuite, le code sera simplifié. Au lieu d'une foultitude de taux avec des variations multiples, il n'y en aura plus que quatre : 0 %, 10 %, 20 % et 25 %. L'imposition sera ainsi la plus basse depuis la Seconde Guerre mondiale. De plus, on supprime l'impôt sur les successions car quiconque a gagné sa vie devrait avoir le droit de transmettre ses biens à ses enfants. D'un côté, on augmente les impôts des plus riches qui ont parfaitement les moyens de payer ; de l'autre on infuse plus d'argent à la classe moyenne qui pourra ainsi consommer, payer les études de ses enfants et diminuer son endettement.

Il serait temps également de stimuler la croissance. Celle-ci se monte actuellement, aux USA, à 2 % du PIB, ce qui pour Trump est pathétique. Il importe qu'une entreprise ne soit pas taxée au-delà de 15 % de ses revenus. Ainsi, l'Amérique redeviendra l'un des marchés les plus compétitifs du monde. En même temps, il faudra exiger que les entreprises qui ont placé leurs capitaux à l'étranger, les rapatrient en payant une amende qui ne se montera pas à plus de 10 %. Aujourd'hui, l'argent expatrié ne revient pas parce que la taxe est beaucoup trop haute. Le but de cette proposition : créer un environnement qui favorise les affaires. Les TPE et PME sont, ici comme ailleurs, les moteurs de l'économie. Les petites entreprises américaines créent aujourd'hui la grande majorité des nouveaux emplois, et elles sont plus taxées que les grands groupes. Chiffre hallucinant : ceux-ci possèderaint un trésor de 2,5 trillions de dollars à l'étranger. Faisons un rêve, dit Trump : imaginez cet argent de retour aux États-Unis et créant des millions d'emplois.

Last but not least, un autre moyen, et non des moindres, de rétablir les comptes, est, en Amérique comme en France, une fois de plus, la diminution des dépenses publiques. Des milliards de dollars sont gaspillés tous les ans sans que personne n'en soit responsable. À chaque échéance, les politiques clament, avec des trémolos dans la voix, qu'ils vont diminuer les frais du secteur public. Et rien ne se passe. Quand il s'agit de votre argent personnel, vous faites attention au gaspillage. Il serait temps que nos dirigeants pensent à l'argent de l'État autrement que comme une machine à sous qu'ils peuvent utiliser comme bon leur semble, sans avoir de comptes à rendre. Entre les subventions accordées à telle ou telle institution de façon arbitraire, l'absence totale de règlement concernant la vente de médicaments, pour ne citer que cet exemple, il y a du grain à moudre.

En 2015 aux USA, le Comité des citoyens contre le gaspillage public a sorti un rapport montrant que l'on pouvait diminuer de 648 milliards de dollars le budget 2016 sans que cela ne fasse du tort à quiconque. Le rapport détaillait un ensemble de subventions absurdes à des institutions qui n'en avaient nul besoin. Là aussi, la loupe et le balai deviendraient des objets de première nécessité.

Pour le milliardaire new-yorkais, toutes ces mesures devraient être enclenchées dans les trois premiers mois de son mandat, s'il était élu. Il est persuadé qu'en cent jours, il réaliserait plus de réformes que ce qu'a essayé de faire Obama en huit ans. Il ne s'agit plus de politique de l'espoir, mais de politique de réalité, loin des lobbies et des groupes de pression. En un mot, il veut remettre Washington au travail. Pour ce faire, s'il est absolument indispensable d'offrir à tous les Américains un filet de sécurité, celui-ci ne doit en aucun cas se transformer en hamac. Comme l'a dit Thomas Jefferson, cité par Trump : « *Je prédis un grand bonheur aux Américains s'ils arrivent à empêcher le gouvernement de gaspiller le produit du travail des citoyens sous le prétexte de prendre soin d'eux.* » Et Trump d'ajouter : « *Le gouvernement n'a pas été créé pour nous cocooner. Des générations d'Américains ont vécu formidablement en prenant leurs propres responsabilités. Quand il y avait des difficultés, les églises et le voisinage étaient là pour les aider. Les pères fondateurs ont toujours professé que l'État ne doit intervenir que dans les domaines où les citoyens ne peuvent pas œuvrer par leurs propres moyens. C'est ce qu'on appelle le principe de subsidiarité, le seul qui tienne hier, aujourd'hui et demain.* »

Il est en tous les cas, un domaine, où Donald Trump pousse le bouchon encore plus loin dans la contre-programmation : l'environnement. L'on pourrait sans exagération, avancer que le magnat new-yorkais est aussi écologiste que le pape est athée. Non qu'il nie les trous dans la couche d'ozone, les dégâts causés à l'atmosphère par le CO_2 et autres énergies fossiles, mais il exprime un scepticisme radical sur les fantasmes d'apocalypse et de fin du monde avancés par les défenseurs de la planète, les hussards de la Nature, et les croisés contre la pollution. Quand, début 2015, dans son discours sur l'état de l'Union, le président Obama déclare que la plus grande menace qui pèse sur la planète est le réchauffement climatique, Trump frémit. Le danger principal, alors que Daech coupe les têtes et massacre tout le monde, alors qu'un dictateur syrien utilise des armes chimiques sur son propre peuple, alors que des millions d'Américains ont contracté un emprunt qu'ils ne peuvent plus rembourser et que la pauvreté gagne du terrain ? Trump part en guerre contre les programmes officiels qui investissent des milliards de dollars sur des technologies qui, selon lui, n'ont pas prouvé, tant s'en faut, leur efficacité. Limiter les émissions de dioxyde de carbone est une chose, remplacer le pétrole par les éoliennes et les panneaux solaires, en est une autre. Trump enrage du fait que les compagnies pétrolières américaines vendent encore trop cher le pétrole qu'elles achètent aux Émirats et aux royaumes du Moyen-Orient, alors que l'exploration et l'extraction du gaz de schiste permettraient à l'Amérique de s'auto-suffire en besoin énergétique pour les 300 prochaines années et mieux encore : dépasser l'Arabie Saoudite et la Russie en termes de production. Il affirme que les dirigeants de Washington, aveuglés par l'intense propagande des écologistes, se sont en fait placés sous la domination de l'OPEP, dont plusieurs pays financent encore le terrorisme international. Au lieu de dépenser des sommes énormes en subventionnant les nouvelles technologies, creusons, dit-il, notre sous-sol et nos terrains *offshore* afin de devenir définitivement autosuffisants. Il appelle à son secours Bill Gates, le fondateur de Microsoft, qui a déclaré en 2015 : « *Les énergies renouvelables telles qu'on les connaît aujourd'hui, ne peuvent pas changer la donne. Les gouvernements devraient transformer les subventions énormes données à celles-ci en un budget massif accordé à la Recherche et au Développement.* » Gates a annoncé qu'il allait investir 2 milliards de dollars dans ce domaine, en excluant les subventions aux éoliennes et à l'énergie solaire. D'autant plus, ajoute Trump, que ces éoliennes enlaidissent le paysage, bouchent l'horizon et demeurent l'une des créations les moins esthétiques de l'humanité, même si c'est pour la bonne cause, ce qui est loin, selon lui, d'être prouvé. L'essentiel pour le candidat reste la création d'emplois et il n'est que de constater ce qu'a donné la nouvelle ruée vers l'or noir dans le Dakota du Nord, la Pennsylvanie, et l'Ohio. Il lui paraît plus important de réduire la dette et le chômage que les émissions de CO_2. Du coup, les environnementalistes hurlent à la mort, les partisans de la décroissance le mettent à la droite d'Adolf Hitler et les chefs d'États et de gouvernements qui ont célébré la COP 21 trouvent une raison supplémentaire de le considérer comme un OVNI malfaisant. Celui-ci leur répond qu'il y a autre chose à faire dans la vie, pour rendre celle-ci meilleure, que de se frotter contre les arbres et de revenir à la lampe à huile. Il exagère ? Assurément. Il a tort ? Peut-être. Il changera d'avis après une longue introspection ? Jamais.

CHAPITRE XII

Que la Force soit avec nous

« Il faut définitivement arrêter d'être du côté des losers. »

Il y a eu, chez nombre d'observateurs et d'experts, plus ou moins autoproclamés des affaires américaines, une étrange confusion : sous le prétexte que Trump clame partout et en permanence sa volonté de protéger l'Amérique et de lui restituer sa grandeur, ils ont confondu, chez lui, protectionnisme et isolationnisme. En politique étrangère comme ailleurs, il faut bien comprendre que le candidat entend rigoureusement appliquer les enseignements et la méthode qu'il a développés tout au long de sa carrière, depuis son apprentissage familial jusqu'à sa fracassante entrée dans l'arène électorale. D'un côté, l'art de la négociation avec ses règles, ses adaptations et ses opportunités à saisir et à garder, de l'autre, ne jamais baisser la garde et montrer l'étendue de sa force pour ne pas avoir à s'en servir. Enfin, bien se persuader qu'il n'y a pas d'adversaires héréditaires, à l'exception des barbares et de ceux qui veulent votre mort. Avec les autres, ceux qui sont dans le registre de la raison, on peut toujours s'entendre, et faire ce que Trump a développé depuis près d'un demi-siècle avec volupté et assiduité : des transactions.

Un exemple. Il me l'a dit lors de l'interview, début 2015 et il le répète : il peut s'entendre avec Poutine, même s'il sait que la Russie, dans certains domaines, sera toujours concurrente des États-Unis. Mais pour en finir avec l'État islamique, il le dit sans ambages : « *Si le président russe est mieux armé que moi pour détruire notre ennemi commun, eh bien qu'il le fasse. Éventuellement, nous l'aiderons.* » Il est allé jusqu'à affirmer qu'il recevrait le leader de la Corée du Nord et ennemi absolu, Kim Jong-un, à la Maison Blanche ! « *Il faut toujours commencer par discuter. À fond, et cash. Dire les choses. Parfois brutalement. Et si vraiment il n'y a rien à faire, si l'on sent que l'autre est prêt à aller jusqu'au bout et à créer l'irrémédiable, nous remplacerons les armes de la parole par la parole des armes.* » Il sait gré à Poutine d'avoir bombardé des installations pétrolières de Daech, ce que les Occidentaux auraient dû faire depuis deux ans. Il dénonce violemment l'accord avec l'Iran, persuadé que les Américains se sont fait avoir et que l'État islamique chiite a gardé toutes les possibilités de développer l'arme nucléaire. S'il est président, dit-il à tous ceux qui veulent l'entendre, il annulera le traité : « *Croyez-moi, je sais lire un contrat, j'en ai épluché des dizaines de milliers dans ma vie, et je suis sûr que nous pourrons trouver la faille, ou l'oubli, qui remettront tout en question.* » On retrouve là, le traditionnel partage des eaux dans la mentalité de Donald Trump, la séparation ontologique, fondamentale, entre gagnants et perdants. Pour lui, en ce moment, l'Amérique perd. Elle perd face à la Chine, face au Mexique, face à l'Iran, face à la Corée du Sud, face à l'Arabie Saoudite. Elle accepte les immigrés de l'un, les tromperies de l'autre, et dépense un argent fou pour une absence totale de résultats : « *Nous protégeons le Koweït, qui, sans nous, aurait été, en 1991, absorbé en quelques heures par Saddam Hussein. Les émirs apeurés ont alors pris la poudre d'escampette pour Paris. Mais qu'ont-ils investi chez nous ? Rien. Nous avons dépensé des milliards de dollars et perdu des milliers de soldats pour ces planqués qui n'ont même pas eu la reconnaissance du ventre. Même chose pour l'Arabie Saoudite qui gagne avec son pétrole 500 millions de dollars par jour et qui, sans nous, serait déjà livrée aux djihadistes. Ça nous rapporte quoi ? Rien. Nous avons par ailleurs 28 500 soldats américains stationnés en permanence en Corée du Sud, pour la protéger des appétits de son voisin du Nord. Qui paye l'entretien de cette armée ? Des crétins comme nous, évidemment*[18]. » Et Trump de développer son refrain favori : s'ils veulent qu'on les protège, dorénavant, qu'ils payent. En pétrole,

---

18. Les citations de ce chapitre sont tirées de *Time to Get Tough* et *Crippled America, op. cit.*

en gaz ou en argent, peu importe, mais qu'ils s'exécutent. Quand on lui dit que cela ressemble à la politique d'Al Capone envers les fabricants et les vendeurs d'alcool prohibé dans les années 1930, il rétorque que ça n'a rien à voir et que de toute façon ça ne le gêne pas. Mieux vaut passer pour un dur à cuire que pour un cocu mangé cru.

Son instinct de négociateur est révolté par la démarche d'Obama au Moyen-Orient. Il ne comprend pas que l'actuel président ait annoncé à l'avance la date du départ de ses troupes d'Irak et d'Afghanistan : « *Non mais c'est quoi, ce type ? Il ne sait pas que dans toute négociation qui se respecte, vous ne montrez jamais vos cartes le premier ? Nos ennemis n'avaient qu'à attendre que le dernier de nos boys ait quitté le terrain pour agir en toute tranquillité. C'est un travail d'amateur.* » C'est comme avec l'Iran : ce pays avait le plus besoin d'obtenir un accord, eu égard à la formidable pression économique qu'avait réussi à exercer l'embargo des puissances occidentales. C'est donc le régime des ayatollahs qui, en toute logique, aurait dû obtenir le moins. Or, avec la naïveté de John Kerry et l'évanescence d'Obama, Khamenei a gagné sur tout. C'est clair : si Trump est aux affaires, il renégociera le contrat.

Autre objet de son ire : la Chine. Le troisième partenaire commercial des USA, après le Canada et le Mexique. Les divers gouvernements qui se sont succédé à Washington ont agi comme des gamins.

Trump affirme que si les ministres du Commerce et les secrétaires d'État aux Affaires Étrangères concernés s'étaient présentés à son émission *The Apprentice* dans l'espoir d'une embauche, il les aurait tous virés pour incompétence. Le déficit commercial avec la Chine se monte à 1,5 trillion de dollars[19]. Ce pays dévalue sa monnaie comme et quand il le veut et inonde ainsi le marché US de produits à bas prix et de marchandises défiant toute concurrence, sans être jamais sanctionné : « *Les Chinois plument à fond la volaille américaine, font augmenter le chômage, volent nos technologies et nous revendent leurs copies à prix cassé et nous ne faisons rien, alors que nous payons cash 20 % du total de leurs exportations mondiales. Ils nous ont bien eus. En fait, si j'arrive à la Maison Blanche, j'irai tout de suite négocier avec les Chinois, mais je ne m'entourerai pas, cette fois-ci, de sénateurs et de gouverneurs qui ne connaissent rien à l'économie. J'emmènerai à Pékin les meilleurs hommes d'affaires de notre pays et Dieu sait s'il en compte de bons. On ne discute pas d'import-export avec des stratèges en chambre, qui n'ont jamais appris à s'affronter dans une véritable négociation où il ne faut pas avoir peur de se battre comme des chiffonniers pour remporter le moindre bout de gras.* »

Et à ceux qui lui reprochent une sacrée dose d'hypocrisie puisqu'il a lui-même importé plus

19. *Crippled America, op. cit.*

ou moins qu'à son tour, du matériel de Chine et des travailleurs étrangers plus ou moins légaux, il répond que c'est justement parce qu'il sait ce que peut faire l'homme d'affaires, qu'il aura, en tant que président, une politique différente. Avis aux incrédules : Trump ne cesse d'affirmer que s'il y a énormément à apprendre des lois du business, la finalité n'est pas la même quand on s'occupe des bénéfices de son entreprise, ou quand on place comme préoccupation principale et essentielle, le bien-être de son pays. Oui, confie-t-il, les qualités de président-directeur général peuvent incontestablement être utiles dans la gestion de l'État, mais les intérêts immédiats ou lointains ne sont pas les mêmes. D'où ses prises de position sur les impôts, le commerce international, et le rapport avec les grandes puissances. Le fait de savoir négocier avec les gens les plus durs du monde, ceux du bâtiment, procure incontestablement, pour lui, des avantages dans d'autres domaines, à une condition nécessaire mais non suffisante : que l'on change de braquet et que l'on différencie, de façon absolue, les intérêts de la nation et ceux de sa boîte. L'entrepreneur délocalise ; le président force le rapatriement. L'homme d'affaires se love dans les paradis fiscaux ; le chef d'État réduit les impôts afin d'huiler la machine. Le trader ne pense qu'à flamber à la Bourse ; le locataire de la Maison Blanche ne doit s'intéresser qu'à la santé de l'économie réelle, en régulant au mieux les imprudences des *subprimes* de casino.

Trump déplore surtout la faiblesse d'Obama qui, selon lui, ne possède aucune des qualités d'un gagnant. Tout est dans la psychologie du vainqueur. Si Obama l'avait, Poutine n'oserait même pas manger tranquille. Mais Obama, c'est foutu : ce n'est pas dans son ADN. Même chose pour George W. Bush que Trump méprise en raison de sa grossière erreur de jugement en Irak. Là aussi, il s'exprime sans nuance : « *Saddam Hussein était un dictateur sanglant, mais lui, au moins, les terroristes, il les tuait. C'est ce que faisait aussi Kadhafi. Et nous, on n'a rien trouvé de mieux que de les supprimer, ce qui a entraîné la multiplication des islamistes partout. Et ce qui a commencé en Irak et en Lybie s'est propagé à Bruxelles, à Paris, à Orlando et ailleurs. Bravo pour nos dirigeants. Quand nos alliés ne nous font plus confiance et que nous ne faisons plus peur à nos adversaires, cela veut dire que nous sommes à zéro crédibilité dans le monde. Obama parle depuis longtemps dans le vide. Poutine l'ignore. Toutes les parties présentes dans la guerre syrienne ne lui accordent aucune attention : les Iraniens se sont bien foutus de lui, de même que les Chinois. Quant au Congrès, il ne pense qu'à le contrecarrer.* » Et de résumer la situation en ces termes : « *Il faut que notre parole compte et que tous sachent qu'à tout moment nous tiendrons nos engagements. Nos amis et alliés doivent absolument savoir qu'ils peuvent compter sur nous. De ce point de vue, nous n'avons pas besoin qu'un de nos amis, le Premier ministre israélien, Netanyahou, vienne chez nous, en plein Congrès, nous donner des leçons sur les fondations éthiques de l'Amérique. Personne ne doit les oublier. Nos ennemis doivent également savoir que nous serons prêts à nous battre jusqu'au dernier d'entre eux. Quel sens a notre discours sur la grandeur et les valeurs de l'Amérique si nous sommes incapables, dans les faits, de nous montrer à leur hauteur ?* » Et de conclure : « *Si vous acceptez une seule fois de perdre, c'est que vous avez déjà perdu.* »

Vantardise ? Exhibitionnisme ? Posture de matamore ? Pas si sûr. En tout cas, le discours plaît. Ce qui est troublant, en revanche, c'est qu'il n'évoque l'Europe que pour parler des effets pervers de l'immigration massive et des conséquences de l'horreur à Paris et à Bruxelles. Dans notre conversation, il prédisait un avenir sombre pour notre continent, en arguant du fait que les gouvernements européens semblaient impuissants à endiguer la terreur djihadiste sur leurs territoires. Il n'arrêtait pas de répéter qu'un pays qui ne contrôle pas ses frontières est voué à l'implosion. On sait qu'il a salué le succès du référendum sur le Brexit, qu'il répète à cor et à cri que l'OTAN, qui coûte très cher à l'Amérique, n'a plus vraiment de raison d'être et que la posture qui consiste à faire renaître une guerre froide avec la Russie, n'a vraiment pas de sens, aujourd'hui que les deux grandes puissances sont du même côté face à l'extrémisme. Ce qui est sûr, c'est que l'arrivée de Trump au pouvoir changerait radicalement la donne par rapport aux forces centrifuges qui veulent la fin de l'Union européenne, telle qu'elle existe aujourd'hui. Le fossé qui sépare les cadres supérieurs mondialisés et les millions de laissés pour compte, la différence de traitement entre minorités, primo-arrivants et classes moyennes de plus en plus marginalisées, font que « la France périphérique[20] » décrite brillamment par Christophe Guilluy est désormais flanquée d'une Amérique périphérique dont on n'avait pas forcément connaissance, mais qui cherche son chemin, hier à travers le Tea Party, aujourd'hui en suivant Donald Trump. Ce sont ces dizaines de millions de « périphériques » qui gagnent aujourd'hui du terrain, en Allemagne comme en Italie, en Autriche comme en Hongrie, en Hollande comme en Australie. Quarante ans de négligences, d'aveuglements, de déni et de culpabilisation ont abouti au retour sonore d'un refoulé qu'aucune élite protégée n'avait su voir. Nous voici condamnés, volontairement ou non, à

20. Christophe Guilluy, *La France périphérique*, éditions Flammarion, 2014.

vivre avec de grandes migrations et de non moins importantes réactions.

Dans son livre *Time to Get Tough,* Trump définissait les sept postulats fondamentaux d'une politique étrangère crédible. Les voici :

1. Les intérêts américains sont prioritaires. Tout le temps. Et on n'a pas à s'en excuser.
2. Une puissance de feu et une préparation militaire portées au plus haut degré.
3. N'entrer en guerre que pour gagner.
4. Restez loyaux envers nos amis et méfiants envers nos ennemis.
5. Garder à tout prix l'avantage en matière de technologie.
6. Appréhender ce qui ne se voit pas. Se préparer aux dangers avant même qu'ils ne se matérialisent.
7. Respecter et soutenir nos vétérans et nos soldats d'hier, d'aujourd'hui et de demain.

Il en veut beaucoup à Obama de n'avoir suivi aucun de ses principes, d'avoir réduit le budget de la Défense, et d'avoir négligé des alliés comme Israël, la Pologne et la République tchèque. En revanche, il est un domaine où Trump imite la trajectoire d'Obama : celui-ci a montré depuis longtemps un désintérêt pour l'Europe au profit des pays émergents de l'Asie. Il dit à peu près la même chose, la froideur du business en plus, dans le style : chacun son fardeau. À vous de vous débrouiller pour contenir le grand débarquement. On ne va pas continuer, quant à nous, à faire des remakes du 6 juin 1944 pour vos beaux yeux. On a déjà donné. On se battra partout dans le monde, mais pour notre propre compte.

CHAPITRE XIII

Le sacre de Cleveland

« Mon adversaire demande à chaque Américain
de psalmodier : "je suis avec elle".
Moi, c'est le contraire : je suis avec vous.
Je serai votre voix. »

Là aussi, on attendait le pire. Des contre-manifestations grandioses, des troubles à l'ordre public comme s'il en pleuvait, des manœuvres aussi sourdes que hautement financées, qui auraient réussi à faire en sorte que la voie royale, qui a mené Trump à la nomination, serait brutalement interrompue. Les uns appréhendaient, les autres espéraient qu'un certain nombre de délégués à la Convention de Cleveland auraient, par la grâce du Saint-Esprit, pu changer leur vote à la dernière minute et mettre Donald Trump en minorité, faisant de l'intronisation attendue, une cacophonie sans nom. Dans le non-dit d'un certain nombre de têtes conservatrices, de neurones indignés d'universitaires et de politiques, de représentants et de sénateurs, mieux vaut en effet, quatre ans d'Hillary Clinton au pouvoir plutôt que cet ange malfaisant de la téléréalité qui allait mener, selon eux, le pays au désastre et le Grand Old Party à la ruine. Comme d'habitude, les insultes fusaient dru, dans les gazettes et sur Internet : raciste, xénophobe, allié au Ku Klux Klan, dégénéré, fou, misogyne, faux conservateur, démagogue, populiste, bidon. Pas loin de Mussolini. National-socialiste. Queutard, vicieux, clown. Impropre à la fonction présidentielle. Le délire anti-Trump battait son plein chez ceux qui ne pouvaient admettre qu'un hors système s'emparât ainsi de la fonction la plus convoitée du monde.

Et pourtant, à Cleveland, tout se passa comme sur des roulettes. Un impressionnant dispositif policier avait visiblement réussi à décourager toute velléité ouvertement belliqueuse. Sur la place centrale de la ville, pro- et anti-Trump s'échangeaient des insultes qui ne dépassèrent jamais le quota de décibels requis. Motards en Harley Davidson venus par centaines célébrer leur idole, pacifistes assurant que le fascisme ne passerait pas, mystiques portant leur croix et invitant à rejoindre Jésus, chanteurs de rue et travestis aux étonnants tatouages : Cleveland faisait bizarrement penser à la fois à un camp retranché et à une Foire du Trône pour fêtards costumés. Ni le plagiat de quelques phrases de Michelle Obama dans le discours de Melania Trump, ni le refus de Ted Cruz de proclamer son soutien au vainqueur – alors qu'il l'avait promis, comme tous les autres, publiquement à l'issue d'un débat – ne parvinrent à gâcher véritablement l'atmosphère qui se termina, comme prévu, par le discours en apothéose d'un Trump fidèle à lui-même. Tout y passa : les sept plaies de l'Amérique, avivées par huit ans d'Obama et quatre ans d'Hillary Clinton, que lui, il le promettait, il s'y engageait, allait commencer à guérir dès le premier jour de son mandat effectif, en janvier 2017.

Reste que les milliers de spectateurs chauffés à blanc, ovationnant debout leur candidat, étaient à la fois acteurs et témoins d'un coup d'État inédit au sein d'un parti républicain transformé de fond en comble. Telle une comète de Halley, un aérolithe lancé à toute allure, Trump avait conquis le parti à la hussarde et chacun, les yeux écarquillés, de se demander s'il en était devenu le locataire ou le propriétaire. Déjà, il avait cassé la baraque en envoyant au magasin des accessoires quatre dogmes républicains que l'on croyait inexpugnables : les accords de libre-échange, type Nafta ; l'immigration ; la réduction des impôts, y compris sur les grandes fortunes et la non-généralisation de la Sécurité sociale. Sans compter la méfiance vis-à-vis de Wall Street et de l'économie de casino, qui se traduit aujourd'hui par la volonté d'ériger à nouveau un mur entre les banques de dépôts et les banques d'affaires. En revanche, tout le monde voyait d'un bon œil que Trump se présentât comme le candidat de la loi et de l'ordre, et nul ne doutait de sa volonté de terroriser les terroristes, le plus vite et le plus fortement possible. L'animateur Bill O'Reilly, qui dirige l'émission quotidienne la plus populaire de la chaîne conservatrice Fox News, confessait qu'en cinquante ans de journalisme politique, il n'avait jamais vu quelque chose d'aussi incroyable depuis la mort du président Kennedy.

Une des grandes révélations de Cleveland fut aussi l'extraordinaire témoignage des enfants du milliardaire. On a souligné à quel point Fred Trump avait joué un rôle essentiel dans la formation de Donald, mais ce que l'on savait moins, c'était que les valeurs avaient été transmises de spectaculaire façon à Donald Jr, à Eric, à Ivanka, et même à Tiffany. Force fut de constater, à Cleveland, avec quelle aisance l'entreprise familiale s'était moulée dans l'offensive politique. On n'avait jamais vu, en effet, les quatre rejetons d'un candidat prendre tour à tour la parole devant des milliers de délégués, avec une fougue, une éloquence et une intelligence de la situation qui provoquèrent des applaudissements aussi mérités que prolongés. Il n'est jusqu'aux plus sceptiques qui ne furent frappés par la dévotion envers le père, les déclarations d'amour et de fidélité, la volonté de le présenter sous son meilleur jour, l'homme de compassion, l'homme d'émotion, l'anti-misogyne, l'homme qui choisit les meilleurs sans distinction d'ethnie, de couleur ou de sexe. Et ce d'autant plus que l'on sait que Don Jr, Eric et Ivanka avaient souffert plus que de raison du divorce de leur père et d'Ivana, reprochant, à l'époque, les absences répétées et les écarts de leur géniteur. Vingt ans plus tard, les deux fils et la fille sont au pouvoir au sein de la Trump Organization. De plus, Ivanka dirige une entreprise de mode et de design qui marche à merveille. En bons Américains, délégués et commentateurs se répétaient qu'un père qui a élevé des enfants pareils ne peut pas être complètement mauvais…

La fête est finie. L'élection arrive. Et la polémique de reprendre de plus belle, pour le règlement de compte final à Washington Corral. Les plaies ouvertes par le combat singulier de Trump, mettant KO debout tous ses adversaires, ne se sont pas refermées. L'absence remarquée de la famille Bush, du gouverneur John Kasich, de John McCain et autres caciques du Grand Old Party, montre qu'il faudra du temps pour raccommoder et reconstruire, mais que, comme toujours, la victoire possible est le meilleur des remèdes.

Une fois de plus, Trump aura montré qu'il ne change pas d'un iota ses prises de position sur l'Amérique d'abord et avant tout, que ce soit sur le plan de la politique extérieure, comme de la sécurité intérieure, et des millions d'emplois à créer. En revanche, il a aussi montré, comme il l'a fait depuis toujours dans l'immobilier, ses capacités d'adaptation et de transaction en se mettant dans la poche des leaders républicains aussi enthousiastes que Rudy Giuliani, l'ancien maire de New York, apôtre de la tolérance zéro, Newt Gingrich, ancien candidat à la présidence de la République, ou encore Chris Christie, le gouverneur du New Jersey ; ou aussi résignés que Paul Ryan, le porte-parole des républicains à la Chambre des représentants et Reince Priebus, le secrétaire général du parti qui, méfiant au début, a fini dans l'enthousiasme sur le podium de Cleveland.

Telle est la rock star, capable de faire applaudir, par un parterre de conservateurs, sa défense des gays, trans et lesbiens, apte à inviter en vedette américaine, Peter Thiel, le milliardaire fondateur de Paypal qui s'est déclaré gay, républicain mais d'abord Américain, sous les ovations de la foule ; capable aussi d'évoquer sa famille en rappelant ce qu'il lui doit et de répéter pour la centième fois qu'il se devait de rendre à l'Amérique ce qu'elle lui a donné.

À l'issue de la convention de Cleveland, et en attendant la suite, au moment où cet ouvrage finit de s'écrire, il paraît certain qu'en cas de présidence Trump, l'Europe aura de sérieuses questions à se poser sur sa capacité à se prendre enfin en main sur les questions de défense et de sécurité.

L'OTAN ne sera pas détruite, mais le temps de la riposte américaine automatique et immédiate, en cas d'attaque de tel ou tel pays membre, est probablement révolu. Désormais, il faudra payer pour sa protection. Quant aux grands accords transatlantiques, ils vont être revus à la baisse, sinon entièrement renégociés. Il en sera de même pour le traité avec l'Iran, quelles qu'en soient les conséquences. En ce qui concerne la lutte contre l'islamisme radical, il paraît assez évident qu'une complicité n'excluant pas la méfiance peut s'établir entre le Tsar de toutes les Russie et la rock star des États-Unis. Ce qui promet à terme, quelques arrangements et restructurations aussi étranges qu'inattendus. Pour la France, s'il est normal que le président Trump rencontre, dans le futur, d'autres hommes politiques que Carla Bruni, il paraît clair que l'Europe ne sera pas le premier de ses soucis. À moins que le Continent n'applique avec force le dicton : aide-toi et Trump t'aidera. Et encore, ce n'est pas sûr. Il sera bien trop occupé à renégocier comme un marchand de tapis, les accords avec la Chine, avec la Corée, avec les monarchies pétrolières et autres grands acteurs du théâtre global.

Si d'aventure, le hors norme est à la Maison Blanche, alors tous les espoirs – ou tous les désespoirs – sont permis. Question de point de vue.

ENVOL

Ainsi est Donald Trump. Il renoue avec ses origines presbytériennes, va à la messe et invoque Dieu qui serait le seul qu'il place nettement au-dessus de lui ; il prône les notions de travail, de famille et de patrie, sans qu'il faille pour autant que nos réflexes franco-français l'assimilent à un quelconque pétainisme transcendantal. Le fait qu'il soit arrivé aussi loin dans la compétition présidentielle, l'extraordinaire paradoxe qui a fait de ce New-Yorkais pure souche, élevé dans le culte du business, de la réussite et de la richesse, le porte-parole de millions de sans-voix d'une Amérique désemparée, est déjà en soi un accomplissement que l'on étudiera dans les manuels. Son relatif succès montre, comme l'explique brillamment Olivier Piton dans son livre *La Nouvelle Révolution américaine*[21], que les problématiques américaines et européennes se sont spectaculairement rapprochées face à la mondialisation qui délocalise, à l'émergence du terrorisme islamiste et de sa guerre asymétrique, aux mouvements d'immigration massive et

21. Olivier Piton, *La Nouvelle Révolution américaine*, éditions Plon, 2016.

d'interrogations sur l'identité, à l'érosion de pouvoirs qui savent de moins en moins comment gérer des mouvements sociaux sans boussole, affrontant une gouvernance sans cap.

C'est en cela que Trump innove : ce qui séduit, c'est moins son programme que son apparente volonté de faire ce qu'il dit et de dire ce qu'il va faire. L'on peut gloser autant qu'on veut sur la démagogie populiste, la mégalomanie galopante, l'autosatisfaction irritante : il n'empêche que cette volonté de se battre envers et contre tous afin de restaurer un pays qui doute de lui-même comme il ne l'a jamais fait depuis le début de son Histoire, force l'attention. Nous côtoyons, nous entendons, nous voyons, dans tous les cercles médiatiques et les chambres d'enregistrements de la salivation experte, des milliers de personnes qui savent ce qu'il faut faire, qui psalmodient à longueur de journée, qui commentent, analysent, décryptent, approuvent, déplorent, dansent le ballet bien réglé du y'a qu'à faut qu'on, mais en fait, ne font rien, n'avancent pas, promettent tout et ne tiennent rien. Qui annoncent leur longue marche pour mieux faire du sur-place. Qui veulent se présenter à la présidence de la République pour abandonner le terrain quelques jours plus tard sous des prétextes divers. Velléitaires et souffle court, petits bras et minuscules ambitions, troisième couteau et brèves de comptoir. Rebelles de confort et mutins de Panurge, comme l'écrivait si bien Philippe Muray.

Trump, lui, continue. Avec sa grosse caisse, son Moi-oriflamme, ses milliards en bandoulière, YouTube à profusion, Twitter en cascade, Instagram pour chaque foyer et la certitude – qu'il essaye de faire partager – qu'il est le seul, ou du moins le meilleur, à pouvoir refaire un sublime papillon de la chrysalide Amérique. Ne pas oublier cependant, qu'ils sont justement des millions à ne supporter ni son look, ni ses manières, à considérer qu'il se situe à la droite de Mussolini et qu'il va déclencher la troisième guerre mondiale, sans compter les gracieuses épithètes que lui accolent la gauche progressiste et les caciques conservateurs, l'intelligentsia des think tanks et les bobos des classes moyennes supérieures. Reste la sensation vaguement formulée mais fortement ressentie qu'Hillary Clinton ne sera que la continuation d'Obama par les mêmes moyens et que l'époque exige des volontés trempées dans le dur effort de durer.

Nous touchons ici à l'essentiel de la différence entre Trump et Clinton. Cette dernière s'adresse d'abord à certaines couches qui segmentent la population américaine, en choisissant à chaque fois la cible du jour : minorités ethniques, minorités sexuelles, femmes, jeunes, suivant en cela une société de consommation qui s'est radicalement métamorphosée. En effet, l'économie du marché mondialisé favorise – segmentation oblige – aujourd'hui beaucoup plus les produits ciblés, spécialisés, que les marchandises de masse. De même, des deux côtés de l'Atlantique, un certain nombre de politiques ont choisi sciemment de s'adresser à telle ou telle couche de la population, les plus susceptibles à leurs yeux, de leur apporter leurs suffrages. Trump, quant à lui, fait un pari complètement opposé : celui d'une Amérique qui rêve de sa grandeur passée, de ses justiciers, des bons et des méchants, du bien et du mal, l'Amérique des cow-boys et des GI's qui se battent pour les valeurs des Pères Fondateurs. Permanence contre segmentation. Nostalgie de la grandeur contre réalisme des parts de marché. De fait, le plus calculateur des deux n'est peut-être pas celui qu'on pense...

Trump raconte que le lendemain de ses déclarations sur le fameux mur qu'il bâtirait à la frontière mexicaine, une chaîne de télévision a annulé le contrat avec sa société qui organisait Miss Univers et Miss America, et le grand magasin new-yorkais Macy's a retiré de ses rayons la totalité des produits Trump, pour ne pas s'aliéner le public hispanique. D'autres clients potentiels de ses entreprises ont menacé de rompre toutes relations s'il continuait à parler ainsi des Mexicains et des musulmans respectables. Il a déclaré pour la énième fois qu'il connaissait beaucoup de Mexicains formidables et de nombreux musulmans respectables, mais qu'il n'avait envie sur son sol, ni de trafiquants ni de terroristes et il ne changea pas un iota de ses déclarations. Apparemment, ses électeurs potentiels lui en savent gré.

Nous touchons ici à l'essentiel du paradoxe Trump. La feuille de température qui domine aujourd'hui, c'est celle d'une opposition de plus en plus affirmée entre des millions d'êtres nomades et mondialisés, qui se retrouvent à leur aise partout, placés qu'ils sont, par leur propre mérite ou par le hasard géographique, dans les beaux quartiers du village global, ceux où l'on prospère et l'on s'enrichit. Et en face d'eux, on l'a dit, d'autres millions d'hommes et de femmes qui n'ont pas eu le temps ni les moyens de se recycler, d'absorber le choc économique et identitaire des marchés et des migrations, et qui ressentent de plus en plus profondément que leur avenir est derrière eux.

Or, Trump est l'exemple même d'une grande fortune qui réussit à peu près tout ce qu'il entreprend, qui est assis sur un trésor d'Ali Baba, bâti non pas sur les spéculations d'un trader malin, mais sur la solidité des nouvelles tours de Babel. En toute logique, il aurait dû épouser la cause des élites mondialisées, du laisser-faire, laisser-aller de la libre circulation des biens, des hommes et des monnaies, de la planète comme salle des pas qui ne sont pas perdus pour tout le monde. Patatras ! Le multimilliardaire se range résolument du côté des déclassés et des laissés pour compte, de ceux qu'on appelle en douce France, les beaufs, les ploucs, les Dupont-la-Joie. En bref : les réactionnaires. Là est la trahison de Trump que le camp d'en face ne lui pardonne pas.

Jusqu'ici, le Trump politique a été digne du Trump immobilier : la stratégie rodée depuis plus de trente ans, a fonctionné à merveille pour occuper la pole position au sein d'un parti républicain qui ne sera plus le même. Une équipe réduite, une économie de moyens, un charisme exceptionnel, une famille aussi brillante que soudée, un bon choix de vice-président, une Histoire à nouveau violente, des menaces et des échéances aussi brouillées que dangereuses, un cap de désespérance ressenti par une bonne partie de la population, un immense appétit de retrouver et de redécouvrir son identité et son être-au-monde dans une planète interconnectée qui ressemble de plus en plus à un smartphone. Comment gouverner en se retrouvant dans l'œil du cyclone ? C'est le défi posé à Clinton comme à Trump. Hier comme aujourd'hui, Trump clive énormément. L'homme de l'affrontement peut-il devenir celui du rassemblement ? En tout état de cause, reste une certitude : jamais la marque

Trump n'est devenue aussi mondialement célèbre qu'en l'An de grâce 2016. Peut-être était-ce aussi, en outre, ce qu'il cherchait.

Au fond, au-delà de ses blagues de garçon coiffeur, de ses saillies de trublion enrichi, de ses querelles avec les bouffons people, ou peut-être, justement, à cause de tout cela, les « vrais gens », comme on dit dans le jargon politico-médiatique, se sentent étonnamment proches de lui et se persuadent qu'il a compris les causes de leur mécontentement, les raisons de leurs frustrations, et qu'il est prêt à prendre le taureau par les cornes. L'avenir dira s'il s'agissait d'un gigantesque bluff ou d'un véritable saut dans un fructueux inconnu. Mais qu'un étranger au petit monde de la représentation politique *as usual* vienne troubler le jeu de quilles, au point de faire exploser la maison, est un phénomène assez rare pour ne pas s'en émouvoir.

À suivre…

BIBLIOGRAPHIE

OUVRAGES DE DONALD TRUMP

The Art of the Deal, Random House, 1987.

The Art of the Comeback, Time Books, 1997.

How to Get Rich, Ballantine Books, 2004.

Time to Get Tough, Regnery Publishing, 2011.

Crippled America, Threshold Editions, 2015.

Citations de Donald Trump dans *Bard of the Deal*, Harper Paperbacks, 2015.

—

AUTRES OUVRAGES

Michael D'Antonio, *Never Enough*, St Martin's Press, 2015.

Olivier Piton, *La Nouvelle Révolution américaine*, Plon, 2016.

—

OUVRAGES D'ANDRÉ BERCOFF

Tout, le livre des possibilités, avec Nicolas Devil et Paule Salomon, Robert Laffont, 1975.

L'Autre France, Stock, 1975.

La Ruée vers l'or noir, P. Belfond, 1975.

Nu, le livre des possibilités, avec Nicolas Devil et Paule Salomon, Robert Laffont, 1977.

Herbert Pagani, Seghers, 1977.

La Guerre des autres, Albin Michel, 1977.

Sous le pseudonyme de Philippe de Commines, *Les 180 jours de Mitterrand*, Belfond, 1977.

Moretti carrément, Encre, coll. Brêche, 1979.

Vivre plus, Robert Laffont, 1980.

Sous le pseudonyme de Caton, *De la reconquête et de la renaissance*, Fayard, 1983.

Manuel d'instruction civique pour temps ingouvernables, Grasset, 1985.

Nous, le livre des possibilités, avec Nicolas Deville et Paule Salomon, Robert Laffont, 1985.

Abboud, avec Jean-Dominique Rey, Galerie Faris, 1986.

Qui choisir : comment acheter votre président de la République sans risque ? Caton ! traduit par André Bercoff, Robert Laffont, coll. Cogite, 1987.

Ruminations divines, Fayard, 1990.

Le Parti d'en jouir, Les belles lettres, coll. Iconoclastes, 1992.

Lettre ouverte à ceux qui ne sont rien et qui veulent être tout, Albin Michel, 1992.

Nouveau catéchisme ; veut-il tuer l'Église, Michel Lafon, 1994.

La Lutte finale, Michel Lafon, 1995.

Le Mystère Éléonora, avec Olivier Barrot, Grasset, 1996.

Comment ils ont tué Tapie, Michel Lafon, 1998.

Ce foutu pays bien-aimé, NiL, 1998.

Scènes de télévision en banlieue 1950-1994, avec Henri Boyer et Guy Lochard, L'Harmattan, coll. Communications Media, 1998.

Reconstruire, disent-ils : comment sauver la droite française du naufrage annoncé, Flammarion, 1998.

Vivre plus, Robert Laffont, 1999.

Par ici la sortie : la fin des politiques, Grasset, 1999.

Mémoires de palaces : un tour du monde des hôtels mythiques, Michel Lafon, 1999.

Ils font bouger la France : la nouvelle vague des entrepreneurs, enquête dirigée par André Bercoff, Michel Lafon, 2000.

Raffarinades/Apprenez à parler le Jean-Pierre, avec Eric Giacometti, Michel Lafon, 2003.

Tapie 2, le retour, Michel Lafon, 2005.

J'arrive, 2005, et *On efface tout et on recommence*, avec Corinne Lepage, sous le nom de plume Catherine Médicis, Michalon, 2006.

Le George V : les 4 saisons du bonheur, La Martinière, 2007.

Retour au pays natal, Gallimard, 2007.

Précis de décomposition française, Albin Michel, 2008.

La Chasse au Sarko, Éditions du Rocher, 2011.

Qui choisir : comment bien acheter votre président ?, First, 2012.

Moi Président, First, 2013.

Je suis venu te dire que je m'en vais, Michalon, 2013.

Bernard Tapie, Marine Le Pen, la France et moi, First, 2014.

CET OUVRAGE
A ÉTÉ ACHEVÉ D'IMPRIMER
SUR ROTO-PAGE
PAR L'IMPRIMERIE FLOCH
À MAYENNE EN NOVEMBRE 2016

N° d'impr. : 90337.
D. L. : novembre 2016.
(Imprimé en France)